ACM-ICPC程序设计系列

基础训练题解

● 俞经善 朴秀峰 王宇华 于金峰 编著

 哈尔滨工业大学出版社
HARBIN INSTITUTE OF TECHNOLOGY PRESS

内容简介

本书汇集了程序设计竞赛中的 100 个基本题型,涵盖了排序、模拟、组合数学、博弈论、贪心、动态规划、搜索、图论、并查集、树状数组、线段树、数论及计算几何等算法的知识点,并对相关知识进行了综合、全面的介绍。本书将竞赛知识点与竞赛题型结合,通过对典型题目分析和算法实现,使读者能够对问题有深入、直观的了解。同时,每道例题均给出完整的源程序作为参考,以帮助读者加深对算法的理解。

图书在版编目(CIP)数据

基础训练题解/俞经善等编著. —哈尔滨:哈尔滨工业大学出版社,2012.3(2014.6 重印)
(ACM - ICPC 程序设计系列)
ISBN 978 - 7 - 5603 - 3348 - 9

Ⅰ.①基… Ⅱ.①俞… Ⅲ.①基础训练 Ⅳ.①TP311.1 - 44

中国版本图书馆 CIP 数据核字(2011)第 142538 号

策划编辑	赵文斌 杜 燕
责任编辑	刘 瑶
出版发行	哈尔滨工业大学出版社
社　　址	哈尔滨市南岗区复华四道街 10 号　邮编 150006
传　　真	0451 - 86414749
网　　址	http://hitpress.hit.edu.cn
印　　刷	哈尔滨市工大节能印刷厂
开　　本	787mm×960mm　1/16　印张 22.5　字数 449 千字
版　　次	2012 年 3 月第 1 版　2014 年 6 月第 2 次印刷
书　　号	ISBN 978 - 7 - 5603 - 3348 - 9
定　　价	42.80 元

(如因印装质量问题影响阅读,我社负责调换)

ACM-ICPC 程序设计系列图书编委会

主　任　俞经善
副主任　金　博　陈　宇　孙大烈　孟繁军
　　　　　殷明浩　朴秀峰
委　员　（按姓氏笔画排序）
　　　　　丁　雨　马占飞　王　平　王　斌
　　　　　王翠青　乔　付　邢海峰　刘丕娥
　　　　　纪洪波　李　军　李　敏　杨明莉
　　　　　迟呈英　周李涌　周治国　钟　辉
　　　　　龚　丹　鲁静轩　滕国库

序　言

ACM-ICPC(ACM 国际大学生程序设计竞赛)被称为计算机领域的奥林匹克,是计算机领域高水平的智力角斗场。ACM-ICPC 于 1970 年起源于北美,由于涉及知识面广、注重实践,并有着公正的竞赛机制和颇有意思的比赛过程,因此在全球范围内迅速流行。其命题的考查范围除了程序设计、算法、数据结构、操作系统、计算机网络,编译原理等计算机专业相关学科知识外,离散数学、初等数论、组合数学、图论、计算几何等相关的数学知识也均包括在内,而且考查的知识范围还在持续扩大之中。

ACM-ICPC 程序设计系列图书是编者们在多年参与 ACM-ICPC 的过程中,对竞赛、训练的内容进行总结,从学科专题的角度集结而成。本套图书包含组合数学、初等数论、计算几何、图论和程序设计训练题解等内容,从竞赛的角度出发,介绍其中的基本概念和研究方法,主要以应用为目的。

组合数学源远流长,古代的数学游戏和美学消遣,以无穷的魅力激发人们的聪明才智和数学兴趣。组合数学涉及内容广泛,知识点庞杂,与很多数学分支相交叉,主要研究将一些元素安排成种种集合的问题。组合数学被广泛应用在计算机科学、编码和密码学、物理、生物等学科以及交通管理、城市规划、企业管理等领域。初等数论是研究数的规律,特别是整数的性质的数学分支。初等数论就是用初等、朴素的方法去研究数论,是数论的一个最古老的分支。数论在计算机科学和应用数学的发展中得到了广泛的应用。比如,在计算方法、代数编码、组合论等方面都广泛使用了初等数论范围内的许多研究成果。计算几何于 20 世纪 70 年代末从算法设计与分析中分化而来,主要研究"几何图形信息(曲面和三维实体)的计算机表示、分析、修改和综合"。计算几何已经成长为一个被广泛认同的学科。在众多的应用领域(如计算机图形学、地理信息系统和机器人学等)都发挥着重要的作用。图论作为一个数学分支,有一套完整的体系和广泛的内容。它以图为研究对象,其应用范围非常广泛。不但应用于自然科学,且在社会科学中也有应用。当用图论来解决实际问题时,几乎都能引出复杂的图论模型,而这些模型一般情况下如果没有计算机的帮助很难分析出来,因此图论的快速发展和推广与计算机科学和信息科学的快速发展是分不开的。

本系列图书以介绍这些专题学科的基本概念和方法为基准,目的是使读者能在短时间内了解专题的主要内容。整套图书适用于参加初级、中级 ACM – ICPC 和信息学竞赛学生，对计算机程序设计和算法感兴趣的读者同样有指导意义，同时对在该方向上有所研究的人士也有一定的参考意义，可作为竞赛代表队的培训教材，也可作为相关课程实践教学的教材。

本系列图书是由 ACM – ICPC 中国·东北地区组织委员会组织策划，由哈尔滨工程大学、大连理工大学、东北大学、东北林业大学、东北师范大学等学校的老师(教练)群策群力共同完成。ACM – ICPC 中国·东北地区组织委员会一直关注着竞赛与实践教学的结合，使大学生们通过这个活动掌握更多的学科知识和提高分析问题、解决问题的能力。本系列图书的出版能够将一些有实际意义的专题学科知识以简洁而清晰的方式最快地介绍给大学生们，可以引起更多程序设计爱好者的兴趣，可以成为 ACM – ICPC 参赛队员攀登道路上的一块垫脚石。

ACM – ICPC 中国·东北地区组织委员会主席
第 34 届 ACM – ICPC 全球总决赛执行主席
哈尔滨工程大学副校长

2012 年 1 月

前　言

ACM 国际大学生程序设计竞赛(ACM International Collegiate Programming Contest,简称 ACM - ICPC),其目的旨在使大学生充分展示分析问题和运用计算机解决问题的能力。ACM 程序设计竞赛的题目强调算法的高效性,要求参赛学生以最佳的方式解决指定的命题。它几乎涉及所有与计算相关的知识,并且无固定解法,这就要求参赛学生具有较高的综合素质能力和较强的创造能力。ACM 程序设计竞赛具有严谨而客观的评判规则,通过评判系统运行严格的测试数据来验证解题的正确性,因此,其竞赛成绩的客观公正性得到公认。参赛学生想要取得好成绩,无捷径可走,解题能力的提高在很大程度上取决于做题的数量和质量。

ACM - ICPC 哈尔滨工程大学代表队自组队以来,队员们便开始进行有针对性的训练,并注重做题的数量和质量。2007 年秋季,学校将 ACM - ICPC 的实践形式引入教学,开设了 ACM - ICPC 竞赛入门这门实践教学的课程。每年分层次地进行暑期集训,吸引了大批对算法、程序设计等感兴趣的学生。同时,代表队的实力也在逐年提高,多次在 Regional 地区赛上摘得奖牌。作为第 34 届 ACM - ICPC 全球总决赛的举办方,哈尔滨工程大学之前成功举办过黑龙江省赛、东北(黑龙江、吉林、辽宁和内蒙古自治区)地区赛和 Regional 等不同层次的多场比赛。在培训队员、参加比赛、组织比赛过程中,我们积累了许多经验。多年来的教学实践和培训经历,使我们逐渐形成了一套适合自己学校学生的训练方法。为了使更多的大学生能够更加直观地了解 ACM 竞赛设计竞赛并且投身其中,提高他们用计算机解决问题的能力,我们将历年培训内容的精华整理编写出版,供大学生们在做题时参考。

本书堪称《ACM 程序设计竞赛基础教程》(清华大学出版社 2010 年出版)的姊妹篇。本书汇集了程序设计竞赛中的 100 个基本题型,涵盖了排序、模拟、组合数学、博弈论、贪心、动态规划、搜索、图论、并查集、树状数组、线段树、数论及计算几何等算法的知识点,并对相关知识进行了综合、全面的介绍。将竞赛知识点与竞赛题型结合,通过对典型题目分析和算法实现,使读者能够对问题有深入、直观地了解。同时,每道例题均给出完整的源程序作为参考,以帮助读者加深对算法的理解。

读者可以从配套网站 http://acm.hrbeu.edu.cn 中下载书中所有题目的源代码,以便参考,并在 HEU Online Judge(http://acm.hrbeu.edu.cn)上开设包括本书中出现的所有题目的评测专区,供读者提交、评测自己的程序以检验解题结果。同时还开辟专门的论坛以方便读者之间沟通、交流和讨论。

本书由俞经善、朴秀峰、王宇华、于金峰编著。本书的出版也是我们众多队员辛勤劳动的结晶，代表了大家共同的心愿。为本书的形成做出重要贡献还有：胡光、韩佳彤、魏重强、陆路、刘俊峰、李伟、曹小毛、韩飞、赵磊和李修成。在本书形成的后期，张文涛、胡光、李超、周松、袁喆对其内容和文字进行了处理。正是由于他们的辛勤劳动才使本书得以出版，我们表示衷心的感谢！本书中的案例选自北京大学、浙江大学、中山大学、杭州电子科技大学、哈尔滨工业大学、哈尔滨工程大学、欧拉计划等网站的题目。正是由于同仁的慷慨无私，我们才得以享受资源。我们对此表示诚挚的感谢！

在众多的程序设计竞赛相关书籍中，希望本书能够得到大家的关注！由于作者能力和认识有限，不足和错漏再所难免，诚盼广大老师和同学们批评指正！

作者
2012 年 1 月

目　　录

第 1 章　基础算法及其他 ……………………………………………………… 1
1.1　排序 ………………………………………………………………………… 1
　　1101　谁是中间的那个 ……………………………………………………… 1
　　1102　一问一答 ……………………………………………………………… 3
　　1103　487 − 3279 …………………………………………………………… 5
　　1104　DNA 排序 …………………………………………………………… 11
　　1105　统计频率 ……………………………………………………………… 13
1.2　模拟 ………………………………………………………………………… 16
　　1201　开锁 …………………………………………………………………… 16
　　1202　猜数 …………………………………………………………………… 18
　　1203　欧几里得游戏 ………………………………………………………… 21
　　1204　按灯泡 ………………………………………………………………… 23
　　1205　一起玩 ………………………………………………………………… 25
　　1206　红包 …………………………………………………………………… 29
　　1207　棋盘 …………………………………………………………………… 32
　　1208　碰撞的机器人 ………………………………………………………… 36
1.3　组合数学 …………………………………………………………………… 42
　　1301　购票 …………………………………………………………………… 42
　　1302　彭彭礼品店 …………………………………………………………… 47
　　1303　N 皇后 …………………………………………………………………… 49
　　1304　占武卖花 ……………………………………………………………… 54
1.4　博弈论 ……………………………………………………………………… 56
　　1401　竞赛游戏 ……………………………………………………………… 56
　　1402　取石子游戏 …………………………………………………………… 57
　　1403　一个新的取石子游戏 ………………………………………………… 61

第 2 章　图论及搜索 …………………………………………………………… 63
2.1　图论 ………………………………………………………………………… 63

1

	2101	Ikki's Story IV – Panda's Trick	63
	2102	死锁	66
	2103	帮助小 A	70
	2104	月光宝盒	75
	2105	Candies	79
	2106	Touring	82
	2107	Comparing Your Heroes	88
	2108	Shortest Path	91
	2109	The Matrix Problem	95
	2110	Remmarguts' Date	98
2.2	搜索		103
	2201	油田合并	103
	2202	象棋中的马的问题	105
	2203	多米诺骨牌游戏	108
	2204	连连跳	111
	2205	New Game	114
	2206	无脑总统的火星国	119
	2207	好运一日游	121
	2208	八数码问题	123
	2209	基因重组	129
	2210	人员调度	134

第 3 章 动态规划基础与提高 — 139

3.1	贪心		139
	3101	千年虫引发的麻烦	139
	3102	Journey with Pigs	141
	3103	Fence Repair	143
	3104	今年暑假不 AC	146
	3105	Ferry Loading II	148
	3106	石头、剪刀、布	151
	3107	分苹果	154
	3108	雷达的设置	156
	3109	John 钓鱼	159

3110 给树着色	163
3.2 动态规划	168
3201 最大值	168
3202 猴子	171
3203 骨灰级玩家考证篇	174
3204 样本采集	177
3205 括号匹配	181
3206 猴子-2	184
3207 最大子块和	187
3208 样本采集-2	190
3209 Cousin	196
3210 书架	200

第4章 高级数据结构 204

4.1 并查集	204
4101 宗教信仰	204
4102 无线网络	207
4103 感染者	210
4104 这是一棵树吗	213
4105 苗条树	217
4106 垃圾邮件过滤器	222
4107 特殊的飞蛾	226
4108 缉拿犯人	229
4109 叠箱子	232
4110 食物链	235
4.2 树状数组	239
4201 人工湖公路	239
4202 敌兵布阵	244
4203 Japan	247
4204 Mobile phones	250
4205 Matrix	253
4.3 线段树	257
4301 城市地平线	257

	4302	丢失的牛	261
	4303	好运和爱情-2	263
	4304	城市地平线	269
	4305	图片	274

第5章 数论及计算几何 …… 282

5.1 数论 …… 282

	5101	最大的质因子	282
	5102	求最大公约数	283
	5103	欧拉函数	285
	5104	快速乘方	286
	5105	青蛙的约会	288
	5106	跳蚤	291
	5107	幸运数字	294
	5108	$N^3 + P \times N^2 = M^3$	298
	5109	Clever Y	300
	5110	$X^a \bmod b = c$	305

5.2 计算几何 …… 313

	5201	Pick-up sticks	313
	5202	Buggy Sat	316
	5203	Brookebond s'en va en guerre...	319
	5204	Lifting the Stone	321
	5205	Circle and Points	324
	5206	A Pilot in Danger	328
	5207	投玩具	334
	5208	围栏	339
	5209	费马点	342
	5210	管道	344

第1章 基础算法及其他

1.1 排序

1101 谁是中间的那个

问题描述

一天,农夫乔伊像往常一样来到了他的牧场,他突然对他的奶牛产奶量产生了兴趣.他想知道产奶量处于中间的那头奶牛的产奶量是多少."处于中间的"意思是说,其中有一半牛的产奶量比它多,另一半牛的产奶量比它少.

现在由你来完成这个问题的程序!

输入

仅包括一组测试数据,第一行一个正整数 $N(1 \leqslant N \leqslant 10\,000)$,接下来 N 行,每行一个正整数不会超过 10^6,第 $i+1$ 行的数字代表第 i 头牛的产奶量.

输出

处于中间的牛的产奶量.

样例输入

5
1
2
4
5
3

样例输出

3

思路引导

这道题目很简单,若能得到有序的序列,那么找出中间的那个数字就轻而易举了!

解题报告

既然是一道简单题,那就让同学们热热身吧!讲点题外的东西.这道题目若想自己写排序,建议用堆排序或者快速排序;若不想自己动手写,那么就用下面这个函数吧!

sort(buffer, buffer + n, cmp);

其中, buffer 为待排序数组的首地址;buffer + n 为待排序数组中的最后一个数据的后一位; cmp 是自己定义的一个排序规则,返回值为 true 或者 false.

sort() 函数默认的排序规则为从小到大排序,允许排序的类型除了普通的数值型外,还有字符型和字符串. 如果想对自己定义的一个结构体类型数组排序,就要用到 cmp 函数. 假如有一个代表学生的结构体,现在要将这个结构体类型的一个数组依据学生姓名的字典序从大到小排列,如果名字相同,则按照身高由低到高进行排序,那么 cmp 函数应该为:

```
typedef struct{
    int tall;
    char name[15];
} student;

bool cmp(student A, student B){
    if (strcmp(A.name, B.name) > 0)
        return true;
    if (! strcmp(A.name, B.name) && A.tall > B.tall)
        return true;
    return false;
}
```

在此程序中,sort 函数要对结构体 COW 进行排序,排序规则为按照产奶量从小到大排序. 若产奶量相同,则按照牛的编号从大到小排序.

源程序如下:

```
#include <iostream>
#include <algorithm>
#include <cstdio>
#include <cstdlib>
using namespace std;
```

```
typedef struct{
    int MakeMilk;
    int num;
}COW;
COW cow[10005];
bool cmp(COW A,COW B);
int main()
{
    int n;
    while (scanf("%d",&n)!=EOF)
    {
        for (int i=1;i≤n;i++)
        {
            scanf("%d",&cow[i].MakeMilk);
            cow[i].num=i;
        }
        sort(cow+1,cow+1+n,cmp);
        printf("%d\n",cow[(n+1)/2].MakeMilk);
    }
    return 0;
}
bool cmp(COW A,COW B)
{
    if (A.MakeMilk<B.MakeMilk)
        return true;
    if (A.MakeMilk==B.MakeMilk&&A.num>B.num)
    return true;
        return false;
}
```

1102 一问一答

问题描述

现在输入一个序列,这个序列中有 N 个数字,输入时它们是无序的,而后它们会被写到数据库中.在数据库中,它们将被按照从小到大的顺序排列.当有人在外部向数据库输入一个数字 n 时,数据库会返回当中的第 n 小的数.

请编写程序模拟这一过程.

☞ 输入

包括两部分,第一部分为输入部分,第一行为一个正整数 N,代表数据库中共存有 N 个数.接下来 N 行,每行一个正整数,代表依次向数据库中存储的数字.接下来一行是 3 个"#".下面是询问部分,询问部分第一行为一个正整数 K,接下来 K 行每行一个正整数 k_i,代表要询问第 k_i 小的数($1 \leq K, N \leq 5\,000$).每个插入的数字不超过 10 000.

☞ 输出

对于每个询问输出一行,代表第 k_i 小的数.

☞ 样例输入

5
7
121
123
7
121
###
4
3
3
2
5

☞ 样例输出

121
121
7
123

思路引导

这道题目要用到排序知识,就用 1101 题目中的 sort( ) 函数练练手吧!

解题报告

将输入部分的数据排序,然后对于每个询问,只需要输出相应位上的数字即可.

这是很简单的排序,直接用 sort( ) 即可。

```
#include <iostream>
#include <algorithm>
using namespace std;
int num[120000];
int main ( )
{
    int n ,m;
    char str[10];
    scanf ("%d",&n);              // 数的个数
    for (int i = 1 ;i≤n ;i + + )
        scanf ("%d",&num[i]);
    scanf ("%s",str);
    sort (num + 1 ,num + n + 1);  // 排序
    scanf ("%d",&m);              // 查询的次数
    for (int j,i = 1;i≤m ;i + + )  // 对应输出即可
    {
        scanf ("%d",&j);
        printf ("%d\n",num[j]);
    }
    return 0;
}
```

1103 487-3279

问题描述

商业上一般愿意采用易记的电话号码。把电话号码映射成一个容易记住的单词是其中一种方法。比如,可以把滑铁卢大学的电话号码记为 TUT-GLOP。有些时候,只有一部分数字能用来进行这种字母与数字间的映射。另外一种使电话号码容易被记住的方法,就是将电话号分割成有规律的几块,然后进行记忆。例如,订购比萨的电话为 310-1010,可以记为一个3,三个10,即 3-10-10-10。

电话号码的标准形式为前三后四(例如,888-1200)。下面是一些字母所映射的数字:
(1) A,B 和 C 映射到2;

(2) D,E 和 F 映射到 3；
(3) G,H 和 I 映射到 4；
(4) J,K 和 L 映射到 5；
(5) M,N 和 O 映射到 6；
(6) P,R 和 S 映射到 7；
(7) T,U 和 V 映射到 8；
(8) W,X 和 Y 映射到 9.

这里没有数字对应于 Q 或者是 Z. "-" 不是必须的，它可以被任意移动、添加或者删除. 例子中的 TUT-GLOP 就是电话号码 888-4567；3-10-10-10 就是电话号码 310-1010.

两个电话号码相同，当且仅当它们的标准形式相同.

你的公司正在编译一本当地的联系簿. 作为质量控制的一部分，你要确定中间是否有重复的电话号码.

☞ 输入

输入包括一组测试数据. 测试数据的第一行包括一个正整数(不超过 100 000)，表示电话号码的个数. 接下来 N 行每行一个电话号码，电话号码由数字、字母以及 "-" 组成. 其中出现的字母均为大写字母(Q 和 Z 不会出现在里面).

☞ 输出

对于每一个出现超过两次的电话号码均输出一行. 该行由三部分组成：标准形式的电话号码 + 一个空格 + 该电话号码出现的次数. 输出的电话号码顺序按照电话号码的字典序进行排序. 如果没有重复出现的电话号码，则输出一行 "No duplicates."

☞ 样例输入

12
4873279
ITS-EASY
888-4567
3-10-10-10
888-GLOP
TUT-GLOP
967-11-11
310-GINO
F101010
888-1200

-4-8-7-3-2-7-9-
487-3279

☞样例输出
310-1010 2
487-3279 4
888-4567 3

思路引导
（1）此题看起来比较麻烦，但是对编码练习很有帮助.
（2）题目中的概念以及注意事项很多，这需要同学们用心仔细阅读题目.

解题报告
标程是用字典树实现的，如果不懂字典树也没关系，只做了解即可. 此处介绍另外一种方法：模拟+排序.

将所有电话号码读入，然后依次将其转化为标准形式，然后按照电话号码的字典序进行排序. 接下来从前往后扫描，如果发现有相同的一段，则进行输出；如果在扫描过程中没有任何输出，那么就在最后输出一个"No duplicates."

本题使用字典树完成数字串的插入与统计，同时为了加快时间，也可使用数组模拟字典树. 其做法是将字母序列转成数字序列，存入字典树中.

```
#include <iostream>
using namespace std;
typedef struct trietree * Ptree;
struct trietree              //字典树
{
        bool arrive;         //单词结束标志
        int treenum;         //单词的个数
        Ptree next [10];     //字典树的儿子
} node [1000000];
int size;                    //字典树的规模
bool findsolve;
int dispose (char * p);      //对字符串的处理，使之转为数字串
void addnum (int num);       //增加数字串
void newtree (int no);       //建新树
        void dfs (char phone [9], int m, Ptree p);     /*深搜式地遍历整个字典树，由于是按数字的顺序遍历，输出的已经是排序后的串*/
```

```c
int main ( )
{
    int n;                          //串的个数
    int i,j;
    int number;
    char phone [9];                 //存储寻找使用的数字串
    char ch [80];
    scanf ("%d",&n);
    findsolve = false;              //标记是否有重复的串,初始化为没有
    size = 1;
    newtree (1);
    for (i = 1;i≤n;i + + )
    {
        scanf ("%s",ch);
        number = dispose (ch);  /*将字符串转化为一个整型数字,该整数的每一位存一个数字*/
        addnum (number);        //将转化后的数字加入字典树中
    }
    dfs (phone,0,&node [1]);        //遍历
    if (! findsolve)
        printf ("No duplicates. \n");
    return 0;
}
void newtree (int no)
{
    int i;
    node [no]. arrive = false;
    node [no]. treenum = 0;
    for (i = 0;i≤9;i + + )
        node [no]. next [i] = NULL;
    return ;
}
int dispose (char * p)
{
    //*****************
```

该函数按照字母的顺序存入 num 中
* * * * * * * * * * * * * * * * */
```
    int num = 0;
    char *q = p;
    while( *++p! = '\0');
    p--;
    while(p >= q)
    {
        if( *p == '-')
        {
            p--;
            continue;
        }
        num *= 10;
        if( *p >= 'A' && *p <= 'Y')
            num += ( *p - 'A' - ( *p > 'Q'))/3 + 2;
        else if( *p >= '0' && *p <= '9')
            num += *p - '0';
        p--;
    }
    return num;
}
void addnum(int num)
{
    Ptree p = &node[1];
    int i, k;
    for(i = 0; i <= 6; i++)
    {
        k = num % 10;
        num /= 10;
        if(!p->next[k])           //如果插入位置不存在,则创建该节点
        {
            newtree(++size);
            p->next[k] = &node[size];
```

```
            }
            p = p - >next [k];
        }
        p - >arrive = true;
        p - >treenum + + ;
        return ;
}
void dfs ( char phone [9], int m, Ptree p)
{
    if ( true = = p - >arrive )          //如果该节点存在数
    {
        if ( p - >treenum > 1)
        {
            for ( int i = 1; i≤7; i + + )
            {
                if ( i = = 4 )                          printf ( " - " );
                printf ( "%c", phone [i]);
            }
            printf ( "%d\n", p - >treenum );
            findsolve = true;
        }
        return ;
    }
    for ( int i = 0; i≤9; i + + )
        if ( p - >next [i])
        {
            phone [m + 1] = i + '0';
            dfs ( phone, m + 1, p - >next [i]);
        }
    return ;
}
```

1104　DNA 排序

问题描述

逆序数可以用来描述一个序列混乱程度的量. 例如,"DAABEC"的逆序数为 5,其中 D 大于它右边的 4 个数,E 大于它右边的 1 个数,4 + 1 = 5;又如,"ZWQM"的逆序数为 3 + 2 + 1 + 0 = 6.

现在有许多长度一样的字符串,每个字符串里面只会出现四种字母(A,T,G,C). 要求编写程序,将这些字符串按照它们的逆序数进行排序.

输入

第一行包括两个正整数,第一个正整数 N 给出了字符串的长度,第二个正整数 M 给出了字符串的数量. ($1 \leq N, M \leq 100$)

输出

将输入的字符串按照其逆序数进行排序,如果两个字符串的逆序数相等,则按照输入中两者的先后顺序进行排列.

样例输入

```
10 6
AACATGAAGG
TTTTGGCCAA
TTTGGCCAAA
GATCAGATTT
CCCGGGGGGA
ATCGATGCAT
```

样例输出

```
CCCGGGGGGA
AACATGAAGG
GATCAGATTT
ATCGATGCAT
TTTTGGCCAA
TTTGGCCAAA
```

思路引导

题目中涉及字符串的排序问题,用正常的排序方法不容易做,可以换一种方法.

解题报告

此题还用到了 sort 函数,只不过在写 CMP 函数时要注意,当 A. inversions < B. inversions 时,才可以返回 TRUE,否则返回 FALSE。

```
/*******************
按字符串的逆序数排序
*******************/
#include <iostream>
#define INF 0xffffff
using namespace std;
char str[200][200];
int value[200];
int main()
{
    int n,m,l,p;
    memset(value,0,sizeof(value));
    scanf("%d%d",&m,&n);
    value[0] = INF;
    for(int i=1;i<=n;i++)
    {
        scanf("%s",str[i]);              // 读入数据
        for(int j=0;j<m;j++)             // 求逆序数
            for(int k=j+1;k<m;k++)
                if(str[i][j] > str[i][k])
                    value[i]++;
    }
    p = 0;
    for(int i=1;i<=n;i++)    // 按逆序数排序,这里使用了选择排序法,并同时输出
    {
        for(int j=1;j<=n;j++)
        {
            if(value[j] < value[p])
                p = j;
        }
        printf("%s\n",str[p]);
```

```
            value[p] = INF;
    }
    //system("pause");
    return 0;
}
```

1105 统计频率

问题描述

AOA 非常喜欢阅读莎士比亚的诗,莎士比亚的诗中有种无形的魅力在吸引着他!他认为莎士比亚的诗之所以写得如此传神,应该是他的构词非常好!所以 AOA 想知道,在莎士比亚的书中,每个单词出现的频率各是多少?

输入

输入一个单词列表,每行一个单词,每个单词的长度不会超过 30,单词的种类不会超过 10 000,单词的总数不会超过 1 000 000 个。

输出

对于输入的单词列表,输出一个列表,每行一个"单词 + 空格 + 该单词出现的频率",输出列表按照输入中出现的单词的字典序进行排列。

样例输入

```
Red Alder
Ash
Aspen
Basswood
Ash
Beech
Yellow Birch
Ash
Cherry
Cottonwood
Ash
Cypress
```

Red Elm

Gum

Hackberry

White Oak

Hickory

Pecan

Hard Maple

White Oak

Soft Maple

Red Oak

Red Oak

White Oak

Poplan

Sassafras

Sycamore

Black Walnut

Willow

☞ 样例输出

Ash 13.7931

Aspen 3.4483

Basswood 3.4483

Beech 3.4483

Black Walnut 3.4483

Cherry 3.4483

Cottonwood 3.4483

Cypress 3.4483

Gum 3.4483

Hackberry 3.4483

Hard Maple 3.4483

Hickory 3.4483

Pecan 3.4483

Poplan 3.4483

Red Alder 3.4483
Red Elm 3.4483
Red Oak 6.8966
Sassafras 3.4483
Soft Maple 3.4483
Sycamore 3.4483
White Oak 10.3448
Willow 3.4483
Yellow Birch 3.4483

思路引导

(1)这道题目可先尝试用排序算法写,进而锻炼读者的编码能力.

(2)如果写不出来程序,就看解题报告,其中给出了一种更为简单的方法.

解题报告

题目输出中要求在输出列表中单词必须按照字典序进行排列,如果按照正常的排序算法来做,则会比较麻烦. 这里介绍一下 STL 中 map 的用法:

map 实质上是一个二叉查找树,它可以做到插入、删除和查询,平均查询时间为 $\log_2(n)$,n 为 map 中元素的个数. 将字符串数据插入 map 中后,再用迭代器去访问 map 中元素时,其实是按照 map 中插入的字符串的字典序进行访问的.

map 可建立任意两种类型间的关系,格式为:

map < type1 , type2 > 变量1,变量2;

其中,type1 称为键;type2 称为值,键是 map 用来索引的,而值则是相应键下所储存的信息. 从 map 的定义形式上来看,其与正常的定义变量形式相类似.

关于 map 的具体用法请看标程,如果想深入了解 STL,可以参考相应的教程.

本题使用 map 容器做.

```
#include  < iostream >
#include  < string >
#include  < map >
using namespace std;
//using namespace ios;
int main ( )
{
```

```
char str[50];
int count = 0;
map<string,int> counter;
map<string,int>::iterator it;
while(gets(str)!=NULL)
{
    // 对于map容器,如果下标所表示的键在容器中不存在,则添加新元素
    counter[str]++;
    count++;
}
cout.setf(ios::fixed);              // 以定点形式显示浮点数
cout.precision(4);                   // 设置小数部分的有效数字
for(it = counter.begin(); it!=counter.end(); it++)
{
    double per = 100*((double)it->second/(double)count);
    cout<<it->first<<" "<<per<<endl;
}
//system("pause");
return 0;
}
```

1.2 模拟

1201 开锁

问题描述

现在Xiaoz开学了.他们寝室被一密码锁(见下图)锁住了.他知道密码(密码为三对数,如36-23-12),同时知道开锁的方法.其方法:

(1)先指针顺时针转两圈.
(2)指针停到第一个数的位置.

(3)逆时针转一圈.
(4)继续逆时针旋转到指针指向第二个数.
(5)指针又顺时针转到指向第三个数.
(6)锁打开.

已知指针的初始位置和密码,要求求出转多少度才能开锁.

☞输入

有很多组数据,每组数据含有四个数,分别是 n,first,midle,last,均是小于40(n 为起始位置)大于0的.当输入是"0 0 0 0"时,结束.

☞输出

输出 degree 值(所要转度数).

☞样例输入

0 30 0 30
5 35 5 35
0 20 0 20
7 27 7 27
0 10 0 10
9 19 9 19
0 0 0 0

☞样例输出

1350
1350
1620
1620
1890
1890

思路引导

第二条是如何转的,是逆时针还是顺时针?(最近原则)

解题报告

先把锁上的刻度转换成度数.第一步需要 720°;第二步看走到目标时逆时针度数小还是顺时针度数小(走小度数的方向);第三步是 360°;第四步看逆时针方向从第一个数字到第二个数字需要走的度数;第五步是看在第二个数顺时针走到第三个数所需要的度数;最后进行累加.

```
#include <stdio.h>
#include <stdlib.h>
#include <math.h>
int main()
{
    int num1,num2,num3,num4;
        while(scanf("%d%d%d%d",&num1,&num2,&num3,&num4)&&(num1||num2||num3||num4))
        {
            int degree = 720;
            if(num1 < num2)
                degree += (40+(num1-num2))*9;
            else
                degree += (num1-num2)*9;
            degree += 360;
            if(num2 < num3)
                degree += 9*(num3-num2);
            else
            degree += 9*(num3+40-num2);
            if(num3 < num4)
                degree += (40+(num3-num4))*9;
            else
                degree += (num3-num4)*9;
            printf("%d\n",degree);
        }
return 0;
}
```

1202 猜数

问题描述

Xiaoz 提前回到学校. 他们寝室只有他和另一个兄弟. 由于晚上无事可做, 于是 Xiaoz 想出来了一个很好的游戏——要他兄弟猜他身上有多少钱.

猜的方法是：他兄弟说一个数，由 Xiaoz 判断．如果 Xiaoz 认为自己没有这么多钱，会回答"too high"，如果 Xiaoz 认为比这多，则回答"too low"；如果他认为游戏结束时，会说"right on"．每次游戏结束，由他兄弟判断是不是 Xiaoz 说谎．如果说谎，则输出"Xiaoz is dishonest"，否则输出"Xiaoz is honest"．

☞ 输入

有多组数据，输入一个整数 $n(0 < n < 10\,000)$．接下来的一行是(too high, too low, right on)中的一个．如果是 right on，则这组输入结束．

☞ 输出

Xiaoz 没有说谎，则输出"Xiaoz is honest"，否则输出"Xiaoz is dishonest"，每组输出占一行．

☞ 样例输入

10
too high
3
too low
4
too high
2
right on
5
too low
7
too high
6
right on

☞ 样例输出

Xiaoz is dishonest
Xiaoz may be honest

思路引导

每次游戏开始时都要对最大值和最小值初始化，同时想清游戏的特点，即游戏在运行中，它的最大值与最小值的变法规律，注意字符串的输入．

解题报告

先对最大值初始化为 11,最小值为 0. 进行简单的判断,然后将答案的范围缩小,最后进行答案的校对,看最终数是否在答案范围内. 即当出现"too high"时,就拿这个值和当前游戏的最大值比较是不是当前最大值小,若是小,则更新当前最大,否则不更新. 当出现"too low"时,就拿这个值和当前游戏的最小值比较是不是当前最小值大,若是大,则更新当前最小,否则不更新. 字符串的输入可以分开输入(scanf)或者是一次性输入(gets).

```c
#include <stdio.h>
#include <stdlib.h>
#include <string.h>
int main()
{
        int n;
        char str1[20],str2[20];
        int min=0,max=11;
        while(scanf("%d",&n)&&n)
        {
            while(1)
            {
                scanf("%s%s",str1,str2);
                if(!strcmp(str1,"too"))
                {
                    if(!strcmp(str2,"high"))
                    {
                        if(max>n)
                            max=n;
                    }
                    else
                        if(min<n)
                            min=n;
                }
                else
                    if((min<n)&&(n<max))
                    {
```

```
                    printf("xiaoz may be honest\n");
                    min = 0;
                    max = 11;
                    break;
                }
                else
                {
                    printf("xiaoz is dishonest\n");
                    min = 0;
                    max = 11;
                    break;
                }
            scanf("%d",&n);
        }
    }
    return 0;
}
```

1203 欧几里得游戏

问题描述

两个玩家,Ollie 和 Stan. 开始有两个非负数. Stan 为第一个玩家,从大数中减去一个小数的任意倍(这个小数的倍数小于大数),其结果给被减的大数. Ollie 为第二个玩家,重复第一个玩家的玩法. 然后循环该玩法,直到小数不能在大数中拿到一个非零的数为止. 最后一个拿到数的为赢家.

☞ 输入

有多组数据,每组数据有两个整数.

☞ 输出

如果是 Stan 赢了,就输出"Stan win",否则输出"Ollie win".

☞ 样例输入

34 12
15 24

☞ **样例输出**

Stan wins

Ollie wins

思路引导

考虑大数除以小数大于等于 2。

解题报告

大整数除以小整数,当得值大于 1 时,正在进行游戏的玩家赢;否则,要继续玩;当游戏进行了偶数次时,就是 Stan 赢,否则是 Ollie 赢。

注释

大整数除以小整数,当值大于 1 时,正在玩的玩家有两种选择方案:第一种是取一个倍数,使得剩余的数小于小数;第二种是取一个倍数,使得剩余的数介于小数与小数的两倍之间。假设选择第一种进行余下的游戏时,该玩家不能赢,则不用第一种方案,而用第二种方案,赢了就选第一种。选第一种是加 1,选第二种是加 2,所以该玩家必赢。

```
#include <stdio.h>
#include <stdlib.h>
int main()
{
    int n,m;
    int k1,k2;
    int ci1,ci2;
    while(scanf("%d %d",&n,&m)&&(n||m))
    {
        ci1 =0;
        ci2 =0;
        while(n&&m)
        {
            if(m >= n)
            {
                ci1 ++;
                k1 = m/n;
                m% = n;
                if(k1 >= 2)
```

```
                    break;
            }
            else
            {
                    ci1++;
                    k2 = n/m;
                    n%=m;
                    if(k2>=2)
                        break;
            }
        }
        if(ci1%2==1)
            printf("Stan wins\n");
        else
            printf("Ollie wins\n");
    }
    return 0;
}
```

1204 按灯泡

问题描述

Xiaoz 最近想出来一个新的游戏. 现在有 n 个灯泡,它们的编号是 $1 \sim n$. Xiaoz 说每次说两个数,找出它们公共质因子,且每次把它们公共质因子的倍数编号灯泡按向灯泡的相反状态.(原开按为关,原关按为开)

☞ 输入

有多组数据,先输入 t,n,有 t 组测试数据同时有 $n(2 \leq n < 1\,000\,000)$ 灯泡. 每组数据有多对数,当输入为 "0 0" 时,这组测试结束. (开始时都是开的)

☞ 输出

输出两组灯泡数 n,且每组占一行.

☞ 样例输入

1 100
2 3

0 0

☞ 样例输出

100

思路引导

构造素数表(筛选法),再找出它们的公共质因子,每时每刻要更新每个灯泡的状态,要对每个公共质因子的倍数进行更新(有可能存在一灯泡在一次输入中会更新多次).

解题报告

第一步:用筛选法求出 1~1 000 000 的素数,并且用一个数组存储这些素数.(开一个 100 000 空间的数组)

第二步:开一个 1 000 000 数组,然后对数组进行初始化.(建议数组存储 0 1 的数)

第三步:找出输入数对的质因子(可以用枚举法);

第四步:对公共质因子倍数的灯泡进行更新(循环进行直到输入结束);

第五步:进行累加,将所有亮的灯泡加起来.

```
#include <iostream>
#include <stdio.h>
#include <stdlib.h>
using namespace std;
int prime[1000030],isprime[100020],num[1000004];
int main()
{   int temp=0,t,n,num1,num2,max,min,index,sum;
    for(int i=1;i≤1000000;i++)
        prime[i]=1;
    for(int i=2;i≤1000;i++)
        if(prime[i])
            for(int j=2*i;j≤1000000;j+=i)
                prime[i]=0;
    for(int j=2;j≤1000000;j++)
        if(prime[j])
            isprime[temp++]=j;
    cin>>t;
    while(t--)
    {
        cin>>n;
```

```
        for(int i = 1;i≤n;i + +)
    num[i] = 1;
        while(scanf("%d%d",&num1,&num2)&&(num1||num2))
{
            max = num1 > num2? num1:num2;
            min = num1 < num2? num1:num2;
            for(int i = 0;i < temp && isprime[i]≤min;i + +)
        if(min% isprime[i] = = 0&&max% isprime[i] = = 0)
    {
    index = isprime[i];
        for (int j = index;j≤n;j + = index)
    if(num[j])
    num[j] = 0;
    else
        num[j] = 1;
        }
}
        sum = 0;
        for (int i = 1;i≤n;i + +)
        sum + = num[i];
        printf("%d\n",sum);
        system("pause");
    }
    return 0;
}
```

1205 一起玩

问题描述

Xiaoz 最近对石头(R)、剪刀(S)、布(P)的游戏进行了创新. 已知给一个 $n \times m$ 的方格, 每个格里面放着 R、S、P 中的一个字母. 每天, 不同格同它水平与垂直且相邻格进行战斗, 赢了, 就占领对方的格, 输了, 就被对方占领. 每天战争结束后, 输的一方被赢的一方占领. 现在确定经历 t 天游戏后, $n \times m$ 的方格中的字母排列方式. $(0 < n, m < 100)$

☞ 输入

有多组数据,每组数据第一行输入 n, m, t,已知有 $n \times m$ 的方格,进行 t 天,接下来的 n 行每行输入 m 个字母.

☞ 输出

输出经历 t 天后的字母的排列方式.

☞ 样例输入

3 3 1
RRR
RSR
RRR
3 4 2
RSPR
SPRS
PRSP

☞ 样例输出

RRR
RRR
RRR
RRRS
RRSP
RSPR

思路引导

(1)怎样存储这些字母?
(2)怎样存储改变后的字母?

解题报告

建立两个二维数组存储这些字母:第一个存储改变前的字母;第二个存储改变后的字母.然后在第一个数组中逐个比较,比较完后用第二个数组存储,循环 t 次.

```
#include <iostream>
using namespace std;
int main()
{
```

```
int row,column,n,t;
char map[103][103],map1[102][102];
cin>>t;
while(t--)
{
cin>>row>>column>>n;
for(int i=0;i<row;i++)
        for(int j=0;j<column;j++)
            cin>>map[i][j];
while(n--)
{
for(int i=0;i<row;i++)
            for(int j=0;j<column;j++)
                map1[i][j]=map[i][j];
            for(int i=0;i<row;i++)
                for(int j=0;j<column;j++)
                {
            if(map[i][j]=='R')
        {
    if(j+1<column)
        if(map[i][j+1]=='S')
    map1[i][j+1]='R';
            else
                if(map[i][j+1]=='P')
            map1[i][j]='P';
                }
                if(i+1<row)
        {
    if(map[i+1][j]=='S')
    map1[i+1][j]='R';
            else
                if(map[i+1][j]=='P')
            map1[i][j]='P';
}
```

```
            }
                    else
                        if( map[ i ][ j ] = = 'S' )
            {
                                    if( j + 1 < column )
                                    {
if( map[ i ][ j + 1 ] = = 'R' )
                                            map1[ i ][ j ] = 'R';
            else
              if( map[ i ][ j + 1 ] = = 'P' )
                map1[ i ][ j + 1 ] = 'S';
                                    }

                if( i + 1 < row )
                {
                    if( map[ i + 1 ][ j ] = = 'R' )
                                    map1[ i ][ j ] = 'R';
                    else
                    if( map[ i + 1 ][ j ] = = 'P' )
                      map1[ i + 1 ][ j ] = 'S';
                                }
                            }
                    else
            {
                if( j + 1 < column )
                {   if( map[ i ][ j + 1 ] = = 'R' )
                                            map1[ i ][ j + 1 ] = 'P';
                    else
                      if( map[ i ][ j + 1 ] = = 'S' )
                        map1[ i ][ j ] = 'S';
                                    }
                            if( i + 1 < row )
                                {
```

```
                        if(map[i+1][j]= ='R')
                            map1[i+1][j]='P';
    else
    if(map[i+1][j]= ='S')
       map1[i][j]='S';
                }
             }
          }
    for(int i=0;i<row;i++)
        for(int j=0;j<column;j++)
            map[i][j]=map1[i][j];
}
for(int i=0;i<row;i++)
{   for(int j=0;j<column;j++)
    printf("%c",map[i][j]);
    printf("\n");
}
    if(t)
            printf("\n");
}
return 0;
}
```

1206 红包

问题描述

今年小明回家过年. 小明家乡有一个习俗,小孩未长到22岁且没有成家的人就有红包,然而在今年大年三十,多了一项——必须回答一道问题,对了才会有红包,这道题是一道智力题. 小明以前测得智力未到20. 所以今天来求助聪明的 ACM 队员你. (小明今年是20岁)

问题是:现在有 2,5,10,20,50,100 这些数,然后爷爷说一个数,这个数是从前面说的数中任意挑(可以重复)组成 500,所用上面数的个数. 如果认为存在,就说"YES",否则说"NO". 答对一次得50元,答错罚50元,没有不答.

例如:5 YES

☞ 输入

有很多组数据,每组数据为:第一行输入一个 t(问 t 次),接下来 t 行是每行含有 n,YES 或者 NO,n 代表有几个数.

☞ 输出

每个输出小明最终的钱数.(输出若是负数,则小明还要自己掏钱)

☞ 样例输入

1
YES

☞ 样例输出

-50

思路引导

找出所有符合要求的数.(筛选法)

解题报告

找出能组成那些数的规律.

(1)如最多 250,最少是 5.

(2)当所含的数中只有 2 时,这有 250.

(3)当只含有 2,5 时,能够组成的数的规律:5 个 2 等于两个 5,所以在原来 2 能组成数的基础上逐步减 3,而得到的数就是符合要求的数.

(4)当只含有 2,5,10 时,能够组成数的规律:10 个 2 等于 2 个 10,所以在原来只有 2 的基础上逐步减 4;两个 5 等于一个 10,所以在含有 5 的基础减 1.

根据上面的方法进一步推出规律.

```
#include <stdio.h>
#include <stdlib.h>
#include <string.h>
int main()
{
    int num[506],t,sum,n;
    char str[6];
    int d[6] = {2,5,10,20,50,100};
    int d1[6] = {0,-3,-4,-9,-24,-49};
    for(int j=0;j≤500;j++)
```

第1章 基础算法及其他

```
        num[j] = 0;
num[250] = 1;
for(int i = 1; i < 6; i++)
{
    int index = d[i];
    int k = 250;
    while(k >= 500/index)
    {
        num[k] = 1;
        k += d1[i];
    }
}
    while(scanf("%d",&t)! = EOF)
{
    sum = 0;
    while(t--)
    {
        scanf("%d%s",&n,str);
        if(strcmp(str,"YES") == 0)
        {
            if(num[n] == 1)
                sum++;
            else
                sum--;
        }
        else
        {
            if(num[n] == 0)
                sum++;
            else
                sum--;
        }
    }
    printf("%d\n",sum*50);
```

```
    }
    return 0;
}
```

1207 棋盘

问题描述

现有一些关于国际象棋的记录,请输出相应的棋盘"图片".为了辨别各种棋子,用以下字母标识:K(国王)、Q(王后)、R(车)、B(象)、N(马)、P(卒).

☞ 输入

总共有白方和黑方两方的棋子,第一行为白方的棋子,以"White:"开始;第二行为黑方的棋子,以"Black:"开始.其中,每个棋子间用","分隔开.每一个棋子的表示方法是:"标识 + 坐标",仅有卒在输入时不加标识,坐标使用的是正规国际象棋的坐标.

☞ 输出

一个由ASCII字符组成的棋盘,水平边界用"-",竖直边界用"|",拐角处用"+",黑色方格用":"填充,白色方格用"."填充,存在棋子的地方用其字母标识表达.另外,白方的棋子使用大写字母标识,黑方的棋子使用小写字母标识.

☞ 样例输入

White:Ke1,Qd1,Ra1,Rh1,Bc1,Bf1,Nb1,a2,c2,d2,f2,g2,h2,a3,e4
Black:Ke8,Qd8,Ra8,Rh8,Bc8,Ng8,Nc6,a7,b7,c7,d7,e7,f7,h7,h6

☞ 样例输出

```
+---+---+---+---+---+---+---+---+
|.r.|:::|.b.|:q:|.k.|:::|.n.|:r:|
+---+---+---+---+---+---+---+---+
|:p:|.p.|:p:|.p.|:p:|.p.|:::|.p.|
+---+---+---+---+---+---+---+---+
|...|:::|.n.|:::|...|:::|...|:p:|
+---+---+---+---+---+---+---+---+
|:::|...|:::|...|:::|...|:::|...|
+---+---+---+---+---+---+---+---+
|...|:::|...|:::|.P.|:::|...|:::|
```

第1章 基础算法及其他

```
+---+---+---+---+---+---+---+---+
|:P:|...|:::|...|:::|...|:::|...|
+---+---+---+---+---+---+---+---+
|.P.|:::|.P.|:P:|...|:P:|.P.|:P:|
+---+---+---+---+---+---+---+---+
|:R:|.N.|:B:|.Q.|:K:|.B.|:::|.R.|
+---+---+---+---+---+---+---+---+
```

思路引导

这是一道模拟题,将输入的棋盘分布转化为 map[ ][ ],根据 map[ ][ ]输出.

解题报告

首先,将输入的棋盘转化到 map[ ][ ]中,其根本在于将棋子分析出来. 由输入分析可知一个棋子的表示是:

[一个大写字母] + 一个小写字母 + 一个数字

其中的大写字母有时存在,有时不存在,其不存在时一定是卒,即 P,那么可以将大写字母的默认值设为 P. 又由于一个棋子的表示结束一定是由一个数字为结尾,那么可以在遍历到数字时,将该棋子放入 map 中.另外,在转化时对大小写加个判断,map[ ][ ]做出来了.

最后,将 map[ ][ ]输出,注意一下 ASCII 符号的使用即可.

```cpp
#include <iostream>
using namespace std;
char str[100];  // 读入的字符串
char map[10][10];          // 地图
char line[40] = {"+---+---+---+---+---+---+---+---+"};  //边界线
void init(void);           // 地图初始化
void process(int flag);    // 分析字符串
void deal(void);           // 绘图
int main()
{
    init();
    // 白方的读入
    gets(str);
    process(0);
    // 黑方的读入
```

```c
    gets (str);
        process (1);
        deal ();
        return 0;
}
void init (void)
{
    memset (map, 0, sizeof (0));
    return;
}
void process (int flag)
{
    int l = strlen (str);
    char chess = 'P';
    int xx, yy;
    for (int i = 7; i < l; i++)
    {
        if (str[i] == ',')
        continue;
    else if (str[i] > 96)          // 小写字母
    yy = 105 - str[i];
    else if (str[i] > 64)          // 大写字母
    chess = str[i];
    else                            // 数字(一个子的输入结束)
    {
        xx = str[i] - '0';
    map[xx][yy] = chess + ('a' - 'A') * flag;
    chess = 'P';                   //若无字母输入,以 P 为默认值
    }
    }
    return;
}
void deal (void)
{
```

```
for (int xx,i=1 ;i≤17 ;i++)
    {
    if (i%2 = = 1)
    printf ("%s",line);
    else
    {
    for (int y ,j=0 ,x = i/2 ;j≤32 ;j++)
    {
    y = (j+3)/4;
    switch (j % 4)
    {
    case 0:
    printf ("|");
    break;
    case 2:
    if (map[9-x][9-y] ! = 0)
{
    printf ("%c",map[9-x][9-y]);
}
    else
        printf ("%c",((x+y)%2)? (':'):('.'));
        break;
         case 1:
         case 3:
         printf ("%c",((x+y)%2)? (':'):('.'));
         break;
    }
    }
     }
    printf ("\n");
    }
}
```

1208 碰撞的机器人

问题描述

在现代化的城市里,机器人在库房里都被用来运送货物,但它们只知道服从指令,所以安全地运送成为一个极其重要的事情.

☞ 输入

第一行输入 K,代表样例的个数. 在每个样例中,第一行有两个整数 $A,B(1 \leq A,B \leq 100)$,代表库房的长和宽;第二行有两个整数 N,M,代表机器人的个数和指令数;之后跟着 N 行,每行有两个整数 $x_i, y_i (1 \leq x_i \leq A, 1 \leq y_i \leq B)$ 和一个字母(N,S,E 或 W),代表机器人在库房中的位置(每个机器人占地为直径为 1 的圆)和机器人初始的方向;最后跟着 M 行,每行都由一个整数 R_i、一个字符 A_i 和另一个整数组成 T_i,分别代表执行指令的机器人编号、机器人需要执行的指令、重复的次数 $(1 \leq R_i \leq N, 1 \leq T_i \leq 100)$.

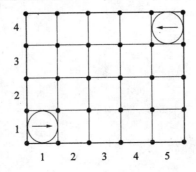 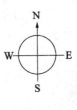

其指令为:

L:向左转.

R:向右转.

F:向前走一步.

PS:只有当前一条指令被其机器人执行完毕后,才能让下一条指令被其机器人执行.

☞ 输出

共有三种情况:

(1)如果机器人 i 撞墙了,输出"Robot i crashes into the wall";

(2)如果机器人 i 撞到了机器人 j,输出"Robot i crashes into robot j";

(3)如果没有相撞事故,输出"OK".

☞ 样例输入

4

5 4
2 2
1 1 E
5 4 W
1 F 7
2 F 7
5 4
2 4
1 1 E
5 4 W
1 F 3
2 F 1
1 L 1
1 F 3
5 4
2 2
1 1 E
5 4 W
1 L 96
1 F 2
5 4
2 3
1 1 E
5 4 W
1 F 4
1 L 1
1 F 20

☞ 样例输出

Robot 1 crashes into the wall

Robot 1 crashes into robot 2

OK

Robot 1 crashes into robot 2

思路引导

模拟题,数据量都不大,可以按照指令的顺序直接模拟.

解题报告

首先,为了方便处理相撞,建立一个 map[ ][ ],若机器人 i 在 (x,y) 处,可令 map[x][y]=i,这样当有其他机器人走到此处时,判断 map 即可.

又本题中存在旋转,若直接用改变字符,编码量太大,可用 1~4 的序列代替相应顺(逆)时针的方向序列,简化处理.

然后,就可以模拟了. 按照指令的顺序执行,每执行一步都判断有没有相撞事件,按照输出方式输出最后的结果即可.

本题使用了一部分类,但是由结构体构造的.

其优点:结构简单,增加可读性.

其缺点:找错较困难.

```cpp
* * * * * * * * * * * * * * * * * * * * * * * * * /
#include <iostream>
#include <algorithm>
using namespace std;
struct robots
{
    int ix;                             //机器人的 x 坐标
    int iy;                             //机器人的 y 坐标
    int move;                           //机器人的移动方向
    void remove (void);                 //机器人的移动
    bool event (int num, char e);       //事件的处理
    bool judge_wall (void);             //判断是否碰墙
    bool judge_crash (int num);         //判断是否与其他机器人相撞
} robot[120];
struct affairs
{
    int robot;                          //事件发生的机器人编号
    char run;                           //事件的类型
    int time;                           //事件持续的时间
} affair[120];
struct maps
```

```c
{
    int mx;                         //地图最大 x 坐标
    int my;                         //地图最大 y 坐标
    int robot_num;                  //地图中的机器人数量
    int affair_num;                 //事件的数量
    int node[120][120];             //地图中的元素
    void init(void);                //地图的初始化
}map;
int main()
{
    int t;
    int mx,my;
    bool safe;
    scanf("%d",&t);
    while(t--)
    {
        map.init();
        safe = true;
        for(int k=1,rr;k≤map.affair_num && safe;k++)    //主流程,判断事件
            for(int tt=1;tt≤affair[k].time;tt++)
            {
                rr = affair[k].robot;
                map.node[robot[rr].ix][robot[rr].iy] = 0;
                if(!robot[rr].event(rr,affair[k].run))
                {
                    safe = false;
                    break;
                }
                map.node[robot[rr].ix][robot[rr].iy] = rr;
            }
        if(safe)
            printf("OK\n");
    }
    return 0;
}
```

```cpp
}
void maps::init (void)
{
    char mm;
    memset (node ,0 ,sizeof(node));
    scanf ("%d%d" ,&mx,&my);
    scanf ("%d%d" ,&robot_num,&affair_num);
    for (int i = 1 ;i≤robot_num ;i++)
    {
        scanf ("%d%d %c" ,&robot[i].ix ,&robot[i].iy ,&mm);
        node[robot[i].ix][robot[i].iy] = i;
        //将字符型的方向改为数值的方向,便于转向
        if (mm == 'N')
            robot[i].move = 1;
        else if (mm == 'E')
            robot[i].move = 2;
        else if (mm == 'S')
            robot[i].move = 3;
        else if (mm == 'W')
            robot[i].move = 4;
    }
    for (int i = 1 ;i≤affair_num ;i++)
        scanf ("%d %c%d" ,&affair[i].robot,&affair[i].run,&affair[i].time);
    return;
}
void robots::remove (void)
{
    switch (move)
    {
        case 1:
            iy++;
            break;
        case 2:
            ix++;
```

```cpp
                    break;
            case 3:
                    iy--;
                    break;
            case 4:
                    ix--;
                    break;
        }
        return;
}
bool robots::judge_crash(int num)
{
        if(map.node[ix][iy]==0)
                return true;
        printf("Robot %d crashes into robot %d\n",num,map.node[ix][iy]);
        return false;
}
bool robots::event(int num,char e)
{
        switch(e)
        {
            case 'L':
                    move--;
                    if(move<1)
                        move+=4;
                    break;
            case 'R':
                    move++;
                    if(move>4)
                        move-=4;
                    break;
            case 'F':
                    remove();
                    if(!judge_wall())
```

```
                {
                    printf ( "Robot %d crashes into the wall\n" , num );
                    return false;
                }
                if ( ! judge_crash ( num ) )
                {
                    return false;
                }
                break;
        }
        return true;
}
bool robots::judge_wall ( void )
{
        if ( ix > map.mx || ix < 1 || iy > map.my || iy < 1 )
                return false;
        else
                return true;
}
```

1.3 组合数学

1301 购票

题目描述

Jay Chou 的超时代世界巡回演唱会 Los Angeles 站现场售票即将开始. 作为一个歌迷, Jeak 当然迫不及待地去购票, 来到售票点后售票尚未开始, 但是队伍已经排得很长了, 更糟糕的是, 由于工作人员的疏忽他们没有准备任何零钱. 现在有 m 个人手持 50 美元, n 个人手持 100 美元 ($m+n$ 个人排成一个队), 票价为 50 美元. 对于这样一个由 $m+n$ 人构成的队伍, Jeak 想知道有多少种排队方法可以使整个售票过程不中断地进行下去.

☞输入

两个非负整数 $m,n \leqslant 100$. 输入以 $m=n=0$ 结束.

☞输出

对于每组输入,输出对应的排队方案数. 每组输出占一行.

☞样例输入

3 1
3 6
6 3
0 0

☞样例输出

18
0
207360

思路导引

(1) m 个 $+1$ 和 n 个 -1 构成的 $m+n$ 项,即

$$a_1, a_2, a_3, \cdots, a_{m+n}$$

其部分和满足

$$a_1 + a_2 + \cdots + a_k \geqslant 0 \quad (k=1,2,\cdots,m+n)$$

的数列的个数等于第 n 个 Catalan 数

$$C_n = \frac{m-n+1}{m+1} C_{m+n}^n$$

证明请参阅《组合数学》(Introductory Combinatorics).

(2) 将持有 50 美元和 100 美元的人分别看成 (1) 中的 $+1$, -1,则"排队时不能出现中断"可转化为 $a_1 + a_2 + \cdots + a_k \geqslant 0 (k=1,2,\cdots,m+n)$.

解题报告

题目给出 m,n 的范围为 $m+n \leqslant 200$,C_{200}^{100} 很大,超过了整型范围,需要使用高精度. 特别需要注意 $m<n$ 的情况.

```
#include <stdio.h>
#include <string.h>

const int N = 400;
```

```c
char store[203][N];

//将整数 n 转化为字符串 s
void itos(int n, char *s) {
    int i, j, t[5];
    //n 为 0
    if (n == 0) {
        s[0] = '0';
        s[1] = 0;
        return;
    }
    //n 不为 0
    i = 0;
    while (n) {
        t[i++] = n % 10;
        n /= 10;
    }
    i -= 1;
    j = 0;
    while (i >= 0)
        s[j++] = t[i--] + '0';
    s[j] = 0;
}
//计算 m * c = res. 默认 m 和 c 均不为 0
void mul(char *m, char *c, char *res) {
    int i, j, len1, len2;
    len1 = strlen(m), len2 = strlen(c);
    int *r = new int[len1 + len2 + 1];//乘积长度
    for (i = 0; i <= len1 + len2; ++i)//初始化为 0
        r[i] = 0;
    for (i = 0; i < len1; ++i)//计算乘积
        for (j = 0; j < len2; ++j)
            r[i+j+1] += (m[i] - '0') * (c[j] - '0');
    for (i = len1+len2-1; i >= 1; --i) {      //处理进位
```

```cpp
            if (r[i] > 9) {
                int tmp = r[i] / 10;
                r[i] %= 10;
                r[i-1] += tmp;
            }
        }
        //处理前导0
        for (i = 0; i < len1 + len2 && ! r[i]; ++i)
            ;
        //乘积为0
        if (i == len1 + len2) {
            res[0] = '0';
            res[1] = 0;
            return;
        }
        //乘积不为0
        j = 0;
        while (i < len1 + len2) {
            res[j++] = r[i++] + '0';
        }
        res[j] = 0;//字符串结束标志
        delete [] r;
}
//计算阶乘
void factorial(int n, char *res) {
    char s[N], t[N];

    if (n == 0) {
        res[0] = '1';
        res[1] = 0;
    }
    //n*(n-1)*(n-2)*...3*2*1
    itos(n, res);
    while (--n > 1) {
```

```c
        itos(n, s);
        mul(res, s, t);
        strcpy(res, t);
    }
}

//小数 d 去除大数 m
void div(char *m, int d, char *res) {
    int i, len;
    int r, tmp;
    len = strlen(m);
    r = 0;//余数
    for (i = 0; i < len; ++i) {
        r = r*10 + m[i] - '0';
        res[i] = r / d + '0';//商
        r %= d;
    }
    res[len] = 0;
    //忽略前导 0
    i = 0;
    while (res[i] == '0')
        ++i;
    if (i != 0)
        strcpy(res, res + i);
}

int main()
{
    int m, n, i;
    char r[N], s[N], t[N];
    //预处理,计算出前 200 个数的阶乘值,存放在 store[N]
    for (i = 1; i <= 200; ++i) {
        factorial(i, store[i]);
    }
```

```
    while (scanf("%d %d", &m, &n) ! = EOF) {
        if (! m && ! n)
            break;
        if (m < n) {                    //m<n,无可行方案
            printf("%d\n", 0);
            continue;
        }
        i = 0;
        while ((s[i] = store[m+n][i]) ! = 0)
            i + +;
        itos(m+1-n, t);
        mul(s, t, r);
        div(r, m+1, t);
        printf("%s\n", t);
    }
    return 0;
}
```

1302 彭彭礼品店

问题描述

彭彭是个既漂亮又心肠好的女孩,她经营了一家礼品店.新年快来了,她想给她认识的所有小朋友们(很多很多)送些精美的小礼物,她的店中现在有 K 种一样大小的礼物,当然每种礼品的数量足够多,她还有一些礼品盒子,每个盒子均能盛放 N 个礼物.

彭彭想给每个小朋友不同的惊喜,因此她不允许任何两个盒子的礼品组合是相同的,但考虑到一些小朋友(如敏敏、嘉芳等人)的特殊喜好,有些礼品必须在礼品盒中出现且要达到一定的数量,而另外一些淘气的小朋友,如明明、铁伟,总是喜欢礼品盒装得满满的.可是彭彭不想为这些有着特殊需求的小朋友单独准备礼品盒,因为一旦礼品盒被封装,她就无法分清楚那个盒子究竟应该送给谁.可是彭彭很聪明,经过一个晚上的努力思考,她终于想到了一个好办法,那就是让每个礼品盒都满足这些特殊的需求,这样她就可以把任意的盒子送给任意的小朋友了.彭彭在为自己聪明的脑袋感到骄傲的同时,又想知道她最多可以给多少个小朋友送礼物,这可难坏了她,那么现在就请你试试吧!

☞ 输入

对每组输入第一行先给出 $K(1 \leq K \leq 50)$ 表示礼品的种类,$N(1 \leq N \leq 40)$ 表示礼品盒的最大容量;接着第二行给 K 个数 $a[k]$,分别表示对于第 K 个物品至少应放 $a[k]$ 个($0 \leq a[k]$).

输入以"0 0"结束.

☞ 输出

最多可送出的礼物盒数量,占一行.

☞ 样例输入

4 20
3 1 0 5
0 0

☞ 样例输出

364

思路导引

(1)依题意,每个礼品的大小均相同;每种礼品盒在满足每种礼品的数量限制下,均需放入 N 件礼物.

(2)这是一道求多重集组合数目的题目.

解题报告

将 K 件物品计为 $x_1, x_2, x_3, \cdots, x_k$,则问题转化为,$0 \leq x_k \leq a[k]$,$x_1 + x_2 + x_3 + \cdots + x_k = n$ 的非负解的个数. 故答案为 C_{n+k-1}^{n}.

具体证明请参考:Introductory Combinatorics.

```
// Gift shop I
#include <stdio.h>
typedef long double ldouble;

//求 n 的 r 组合数
ldouble comb(int n, int r) {
    ldouble ret = 1;
    if (n < 0 || n < r)
        return 0;
    if (r > n/2)//利用组合的性质
        r = n - r;
```

```
    for (int i = 1; i <= r; ++i, --n) {
        ret = ret * n / i;
    }
    return ret;
}

int main( )
{
    int n, k, tmp;
    while (scanf("%d %d", &k, &n) != EOF) {
        if (!k && !n)
            break;
        //读入对每个礼物的限制
        for (int i = 0; i < k; ++i) {
            scanf("%d", &tmp);
            n -= tmp;
        }
        //无法满足限制
        if (n < 0) {
            printf("0\n");
            continue;
        }
        printf("%0.lf\n", comb(n + k - 1, n));
    }
    return 0;
}
```

1303 N 皇后

题目描述

国际棋盘上的八皇后问题是指在 8×8 的棋盘上放置八个皇后,使任何两个皇后都不相互攻击。两个皇后攻击,当且仅当两个皇后位于同行或同列或相同的对角线上。对于更一般的 N 皇后问题与此相同。现在的任务是给定 N, K,要求输出在 $N \times N$ 的棋盘上放置 N 个皇后

的任意 K 种合法的方案. 一种合法的方案是指, N 个数 $(1, 2, \cdots, N)$ 的一个排列 $\{a_1, a_2, a_3, \cdots, a_n\}$, a_i 意味着第 i 行的皇后放置在第 a_i 列.

☞ 输入

先输入 T, 表示有 T 组输入, 然后每组输入两个整数 $N(8 \leq N \leq 300), K(1 \leq K \leq 20)$.

☞ 输出

对每组输入输出, K 种合法的方案.

☞ 样例输入

2
8 2
9 1

☞ 样例输出

4 7 5 3 1 6 8 2
6 3 1 8 4 2 7 5
9 1
9 5 3 1 7 2 8 6 4

思路导引

(1) 回溯法是解决八皇后问题的经典算法, 但回溯的时间复杂度为 $O(b^d)$, 其中 b 为分支数, d 为深度. 对于本题 $N = 300$ 是不可行的. 但观察到题目要求输出的解最多只有 20 组, 所以可以另辟蹊径.

(2) 既然要得到的解是从 $1 \sim N$ 的一个排列, 可以考虑从排列入手. 很明显, 对于一个排列, 如果任意两个皇后都不相互攻击, 那么它就是合法的. 由于不会存在有两个皇后在同一行或同一列的情况, 所以对于任意一个排列, 可以通过统计斜行中相互攻击的皇后数目来度量它离合法解的距离. 因此, 设法调整两个皇后的位置来缩小这个距离, 直至它为 0, 那么就找到了一个合法的解.

解题报告

随机生成 $1 \sim N$ 的一个排列, 计算它到目标的距离, 对于没到达目标的排列通过调整两个皇后的位置来缩小到目标的距离, 直至到达目标. 如果调整所有的皇后对数, 目标距离还未缩减, 那么就要从新生成新的排列. 若找到一个解, 同时要检测是否它已经存在, 若不存在, 则输出并做记录.

```
#include <stdio.h>
#include <string.h>
```

```cpp
#include <algorithm>
using namespace std;

const int maxn = 309;

int N, K;
int board[maxn];                    // 皇后的一个排列
int conflict;                       //当前排列中冲突的个数
int diagl[2*maxn];                  // 一个正斜行中的冲突数
int diagr[2*maxn];                  // 一个反斜行中的冲突数
int record[21][maxn];               // 记录已找到的合法解

void compute(void)
{                                   //计算冲突数
    int r, c;
    conflict = 0;
    memset(diagl, 0, sizeof(diagl));
    memset(diagr, 0, sizeof(diagr));
    for (int i = 1; i <= N; ++i) {
        r = i, c = board[i];
        diagl[r-c+N]++;
        diagr[r+c-1]++;
    }
    for (int i = 1; i < (N<<1); ++i) {
        if (diagl[i])
            conflict += diagl[i] - 1;
        if (diagr[i])
            conflict += diagr[i] - 1;
    }
}

void del(int r, int c, int& conf)
{   //删除一个皇后
    if (--diagl[r-c+N])
```

```
        - -conf;
    if ( - -diagr[ r + c - 1 ] )
        - -conf;
}

void insert( int r, int c, int& conf )
{   // 插入一个皇后
    if ( diagl[ r - c + N ] + + )
        + +conf;
    if ( diagr[ r + c - 1 ] + + )
        + +conf;
}

int main( )
{   int i, j, k;
    int T;
    scanf( "%d", &T );
    while ( T - - ) {
        scanf( "%d%d", &N, &K );
        for ( k = 0; k < K; + +k ) {
            for ( i = 1; i ≤ N; + +i )
                board[ i ] = i;
            while ( 1 ) {
                random_shuffle( board + 1, board + 1 + N );    // 随机生成一个排列
                compute( );
                int total; // 记录有效的移动次数
                while ( conflict ) {
                    total = 0;
                    for ( i = 1; i < N; + +i )
                        for ( j = i + 1; j ≤ N; + +j ) {
                            int conf = conflict;
                            del( i, board[ i ], conf );
                            del( j, board[ j ], conf );
                            insert( i, board[ j ], conf );
```

```
            insert(j, board[i], conf);
            if (conf < conflict) {              // 移动有效
                swap(board[i], board[j]);
                conflict = conf;
                total++;                        //有效移动次数加一
            } else {                            //移动无效
                del(i, board[j], conf);
                del(j, board[i], conf);
                insert(i, board[i], conf);
                insert(j, board[j], conf);
            }
        }
        // 枚举完所有位置无有效移动,跳出循环从新生成一个排列
        if (total == 0)
            break;
    }
    if (conflict == 0) {
        for (i = 0; i < k; ++i) {
            for (j = 1; j ≤ N; ++j)
                if (record[i][j] != board[j])
                    break;
            if (j > N) {                        // 此解已经存在
                conflict = 1;
                break;
            }
        }
    }
    if (conflict == 0)
        break;
}
                                                // 输出一个解
        for (i = 1; i ≤ N; ++i) {
            printf("%d%c", board[i], i == N ? '\n' : ' ');
            record[k][i] = board[i];
```

```
            }
          }
        }
      return 0;
    }
```

1304 占武卖花

问题描述

占武是经济学班的学生,不过和那些理论家不同,占武是个务实型.他始终认为任何经济活动脱离了实际操作都是不可靠的.最近他在学习心理经济学,为了检测商品配置对购物者心理的影响,他决定采购一些漂亮的花儿出售(顺便也赚些零花钱).占武认为:相同的花儿的不同搭配和摆放顺序对买花的女孩有不一样的吸引力,于是他联系了销售商,准备购置君子兰、龙吐珠、六月雪和盆景松四种花.

他把卖花的地点选在大学生食堂旁的广场(因为他觉得那里的漂亮女孩最多),将花儿摆成一排,当然由于场地所限一排最多可以放置30盆花.在花儿的搭配上,占武认为龙吐珠应该成对出现,也就是说,龙吐珠的数目必须是偶数,而君子兰的数目恰恰相反,应该是奇数才好看.除此之外,占武希望在他的摆放中至少应该有一盆六月雪(因为在众多的女孩中,六月雪受欢迎排名度是最高的).

现在占武决定带着他的花儿去广场,他想知道对于 N 个连续位置,能有几种摆放方案.

输入

给定正整数 $N(\ 1 \leqslant N \leqslant 30)$.

输入以"0"结束.

输出

对于给定的 N,输出相应可能的摆放方案数.

样例输入

2
3
0

样例输出

5

19

思路导引

(1) 这是一道典型的组合计数题.
(2) 建立数学模型,代码工作极其简单.

解题报告

由题意知四种花的数量限制分别为: x^1 为偶数, x^2 为奇数, $x^3 \geq 1$, $x^4 \geq 0$. 以此构造生成函数.

$$g(x) = \left(1 + \frac{x^2}{n!} + \frac{x^4}{n!} + \frac{x^6}{n!} + \cdots\right)\left(1 + x + \frac{x^3}{n!} + \frac{x^5}{n!} + \cdots\right)\left(x + \frac{x^2}{n!} + \frac{x^3}{n!} + \frac{x^4}{n!} + \cdots\right)$$

$$\left(1 + x + \frac{x^2}{n!} + \frac{x^3}{n!} + \frac{x^4}{n!} + \cdots\right) = \left(\frac{e^x + e^{-x}}{2}\right)\left(\frac{e^x - e^{-x}}{2} + 1\right)e^x(e^x - 1) =$$

$$-\frac{1}{2} + \sum_{n=0}^{\infty} \frac{4^n + 3^n - x^{n+1} + 2 + (-1)^n}{4} \frac{x^n}{n!}$$

因此

$$h_n = \frac{4^n + 3^n - 2^{n+1} + 2 + 2(-1)^n}{4}$$

```
#include <stdio.h>
long long f[32];
int main()
{       f[0] = 1;
        for (int i = 1; i <= 30; ++i) //预处理
            f[i] = f[i-1] * 3;
        int n;
        while (scanf("%d", &n) == 1 && n) {
            // 用移位代替乘除
            long long ans = ((long long)1 << 2*n) - ((long long)1 << (n+1)) + f[n] + 2;
            ans += (n&1) ? -1 : 1;
            printf("%lld\n", ans >> 2);
        }
        return 0;
}
```

1.4 博弈论

1401 竞赛游戏

问题描述

A 和 B 准备玩一个游戏. 游戏是这样的,一开始桌面上面放了 n 堆石子,每次每个人能从任意一堆里面取走任意颗石子,直到某个人无法取走石子为止,游戏结束,不能再取石子的人就为输. A 和 B 在这个游戏中都表现得足够优秀,且总是由 A 先开始.

现在给定桌面上石子的初始状态,由你来编写程序确定最终获得胜利的是 A 还是 B.

输入

输入包括多组测试数据,每组测试数据占一行包括 $n+1$ 个数字,第一个数字为 n,如题中所述,接下来 n 个数字代表每堆石子的个数. 每堆的石子数量不会超过 10 000 000,堆数 n 不会超过 20,且必大于 1.

输入到文件结束.

输出

对于每组测试数据输出一行,如果 A 能赢输出 "No",否则输出 "Yes".

样例输入

2 45 45

3 3 6 9

样例输出

No

Yes

思路引导

这是本书接触的第一道博弈问题,那么在做题之前应该看下面几项,作为储备知识.

(1) 解题之前,应该了解博弈论中对必胜态和必败态的定义,以及相关的求法.

(2) 针对于这道题目还应了解异或运算的一些性质.

解题报告

这道题目如果在了解异或运算性质后,就无须多证明,直接给出结论! 将 n 堆石子的数量做异或运算,若结果为 0,则 A 必败,否则 A 必胜. 因为当结果为 0 时,A 只要取走石子,结果就不可能再是0了,当B移动时,B可以通过取走适当的石子数,使新的石子数量状态异或结果仍为0,这样一直进行下去,B最终给A的状态就是一个0状态,A输!反之亦然.

```
#include <iostream>
#include <cstdio>
#include <cmath>
#include <algorithm>
using namespace std;
int NStone[55];
int main( )
{
    int NStone, n, sum;
    while (scanf("%d",&n) != EOF)
    {
        sum = 0;
        for (int i = 0; i < n; i++)
            scanf("%d",&NStone), sum = sum^NStone;
        printf("%s\n", sum == 0 ? "No" : "Yes");
    }
    return 0;
}
```

1402 取石子游戏

问题描述

有两堆石子,数量任意,可以不同.游戏开始由两个人轮流取石子.游戏规定,每次有两种不同的取法:一是可以在任意一堆中取走任意多的石子;二是可以在两堆中同时取走相同数量的石子.最后把石子全部取完者为胜者.现在给出初始的两堆石子的数目,如果轮到你先取,假设双方都采取最好的策略,问最后你是胜者还是败者.

☞ 输入

输入包含若干行,表示若干种石子的初始情况,其中每一行包含两个非负整数 a 和 b,表示两堆石子的数目,a 和 b 都不大于 1 000 000 000.

☞ **输出**

输出对应也有若干行,每行包含一个数字1或0,如果最后你是胜者,则为1;反之,则为0.

☞ **样例输入**

2 1
8 4
4 7

☞ **样例输出**

0
1
0

思路引导

(1) 一看到题目后应该确认用博弈论的思想去解决!

(2) 但是在寻找必胜态和必败态的时候遇到了些麻烦,不用着急,坚持住,胜利就是你的!

(3) 在这里提醒一下,在寻找必胜态和必败态的时候,需要总结规律,预测未来.

解题报告

此题在网上最为盛传的一种解题报告就是公式法,想偷懒的同学就直接记公式吧!

若棋牌的初始状态为(X,Y)其中,$X<Y$.则令$Z=Y-X$,有

$$W = (\text{int})(((1.0+\text{sqrt}(5.0))/2.0) \times Z)$$

若$W=X$,则输出0,否则输出1.下面就来看看这个公式的由来吧!

先手的必胜与必败策略,不取决于先手的聪明才智,而是开始的石子状态,后手与你的智力相当.下面需要搞清楚什么是合法的移动策略,即取走最后的石子的人为胜者.这里有几个关键词,取和完,现在来看看棋局的各种状态之间的联系.为了方便,设数据均为(x,y),且$x<y$,因为交换后不影响结果.

接下来找先手的必败策略,看看能发现什么:

根据题目,可以规定$(0,0)$为第一必败状态.因为先手没有任何策略再取任何石子了!也就是说$(0,n)$和(n,n)均为必胜状态,因为他们都可以根据游戏规则直接移动到$(0,0)$这个状态,也就是给对手一个必败状态.这个状态也给我们一个条件,就是能移动到这个必败状态的x,y差值为0.

然后找下一组必败状态.x,y均不为0,且差值不能为0.最小的一组必败策略就是以1开头的,差值为1,也就是$(1,2)$.同理,这个必败状态衍生出来的必胜状态为任何一位为1,或者为2,或者x,y差值为1.

第1章 基础算法及其他

总结前两组,数中不能出现0,1,2,且差值不能为0,1,那么数中可以出现的最小的数就是3,最小差值为2,这样第三必败状态为(3,5).

同理,总结前几个条件依次列出必败状态为

$$(4,7),(6,10),(8,13),(9,15),(11,18),(12,20),\cdots$$

这时会发现第一位貌似不是有序的,但是很有规律. 现在把第一位提出来看看有什么规律

$$0,1,3,4,6,8,9,11,12,14,16,17,19,\cdots$$

每位的差值貌似是1,2相间出现的,还不是很有规律,再来找出出现这种情况的原因.

现在很容易就可以发现,如果必败策略无限地找下去,所有必败策略 x,y 如果放到一起从大到小排序,就是所有的自然数,且每个数字只出现了一次(这点在之前找必败策略的时候已经保证了),那么把必败策略的 x 和 y 分开来列出看看能发现什么.

x:0 1 3 4 6 8 9 11 12 14 16 17 19
y:0 2 5 7 10 13 15 18 20 23 26 28 31
n:2 3 2 3 3 2 3 2 3 3 2 3 $\cdots$

这样就找到了第一位差值1,2相间的原因了,原来是被第二排给占用了,也就是说,第二排两个数的差 n 如果为2,也就是说,中间有一个数到了第一排;如果第二排两个数的差值为3,那么中间就有连续的两个数到了第一排,把这样的数列称为自我生成数列(即数列的前面的几项可以生成数列后面的几项,后面的几项又可以生成再后面的几项,就这样无限地进行下去). 这个概念在下面也将用到. 再看新生成的连续的两个数与之前的断点的那个数根据我们之前提到的找必败策略的规则,又生成了一个与之前断点处差值为3的段,和在两个连续的数之间产生一个差值为2的段(这里提到的差值均为 y 项之间的差值),而一个数的时候(即前面提到的断点处),将于之前的数生成一个差值为3的段,这样记录下来就更直观了:

2→3,

3→3,2

这样题目的思路就清晰了,只要按照这个差值段自我生成的规则,列到无穷大即可. 即使要求第 n 个必败策略具体是多少,只需要把第一个1到第 n 个差值全加起来得到 y 值,然后减去 x_1,就是 x 的值了! 更不用说判断状态 (x,y) 为必胜必败了!

但是题目的数据范围为10亿,若这样处理,最少也要3个亿的运算次数,超时是没商量的!

若继续对找到的规律进行化简,看看能不能发现什么规律.

从第四个差值段开始往后找规律(因为前两个有重叠部分,所以我们无视他俩):

3→3,2→3,2│3→3,2│3│3,2→3,2│3│3,2│3→$\cdots$

简单的证明即可得出

$$F[n] = F[n-1] + F[n-2]$$

请注意，这个公式多像斐波那契数列！把相应的值一列出来，证明我们的猜想是正确的.

再看看之前提到的 n_1 怎么求，既然值为斐波那契数列，那么第几位显然也符合斐波那契数列的规则：

$$1 \to 2 \to 3 \to 5 \to 8 \to 13 \to \cdots$$

这样我们的解题思路就出来了，根据上面的 F 数组判断题目给的 y_1 是否在其中，若在其中，再判断 $y_1 - n_1$ 得到的 x_2 是否与题目给的 x_1 相等. 若两者条件都满足了，那么先手必输，否则先手拿到的肯定为一个必胜策略.

先不要高兴太早了，在找 y_1 是否在 F 数组里时，要从前往后一直减到 $y_1 < F[I]$，然后再从后往前减，直到 $y_1 < F[I]$，这种减法与生成 F 数组的规则有关，这在前面提到. 当然了，每当 y_1 减去一个 $F[N]$ 的值，n_1 都应该加上一个 $N_1[N]$ 的值. 到此为止，我们的问题圆满解决了！

```cpp
#include <iostream>
#include <cmath>
#include <cstdio>
#include <cstdlib>
using namespace std;
int main()
{
    int a, b, c, k;
    while (scanf("%d%d", &a, &b) != EOF){
        if (a > b)
            a = a + b, b = a - b, a = a - b;
        c = b - a;
        k = (int)((1.0 + sqrt(5.0))/2.0 * c);
        printf("%d\n", k == a? 0:1);
    }
    return 0;
}
```

1403 一个新的取石子游戏

问题描述

A 和 B 准备玩一个全新的取石子游戏. 在游戏的一开始,他们摆 n($1 \leq n \leq 10$) 个盘子在一条线上,每个盘子里面均放有一些石子, A 和 B 轮流取石子. 取石子的规则如下:每次,取石子的人必须选中一个盘子,然后从盘子中拿走至少一颗石子,然后将盘子中剩下的石子以任意分配方式分配到其余若干盘子中,也可以不向外分配. 再也不能取石子的那个人为负. A 和 B 在这个游戏中玩得都相当的不错. 现在给定石子序列,由你来编写程序确定最终获胜的是谁.

☞输入

输入包括多组测试数据,每组测试数据第一行一个正整数 n,如题中所说. 第二行包括 n 个数字,第 i 个数字代表第 i 个盘子里面石子的个数. 每个数字都不会超过 100.

当 $n=0$ 时输入结束.

☞输出

对于每组测试数据,输出一行,若 A 能赢得比赛,输出 "1",否则输出 "0".

☞样例输入

```
3
2 1 3
2
1 1
0
```

☞样例输出

```
1
0
```

思路引导

(1)此题的难点在于寻找必胜态与必败态!

(2)若必胜态不好找,那就不如直接寻找必败态,由样例就能知道第一组是必败态了!

(3)除去必败态,其余的状态对于先手来说就都是必胜态了!

解题报告

如果石子数量是成对的,如 1,1,3,3,5,5,就是后手必胜.

如果不成对,堆数为奇数,如 1,2,3,4,5,则可以把 5 分配给前 4 个,变成 2,2,4,4.

如果不成对,堆数为偶数,如 1,2,3,4,5,6,则可以把 6 分配给 2~5,6 自己变成 1,总体变成 1,1,3,3,5,5.

所以只要不成对,则先手必胜.

总而言之,先手必败的状态只有一种,那就是石子数量成对出现!

```cpp
#include <cstdio>
#include <iostream>
#include <algorithm>
using namespace std;
int a[1000];
int main()
{
    int n;
    bool flag;
    while (scanf("%d",&n)&&n)
    {
        for (int i=0;i<n;i++)
            scanf("%d",&a[i]);
        sort(a,a+n);
        if (n%2==0)
        {
            flag = true;
            for (int i=0;i<n&&flag;i+=2)
                if (a[i]!=a[i+1])
                    flag = false;
            printf("%d\n",flag?0:1);
        }
        else
            printf("1\n");
    }
    return 0;
}
```

第 2 章 图论及搜索

2.1 图论

2101 Ikki's Story IV – Panda's Trick

问题描述

Liympanda 是 Ikki 的一个朋友，喜欢和 Ikki 玩游戏。今天 Liympanda 在玩扫雷游戏时赢了 Ikki 很多次后，他厌倦了这个简单的游戏并且想要和 Ikki 玩另一个游戏。

Liympanda 拥有一个有魔力的圆圈并且把它放在一个平面上，在圆圈的边界上有 n 个点：$0,1,2,\cdots,n-1$。邪恶的 Panda 声称他已经将这些点连成了 m 对。在连接这些点的时候，Liympanda 把点的连线要么完全放在圈内，要么完全放在圈外。现在 Liympanda 告诉 Ikki 没有任何两个连线在圈内或者圈外相交，除非在边界上。他想要 Ikki 判断这是否可能。仍然深陷在扫雷游戏中的 Ikki 思维仍然混乱，所以他决定写一个程序来帮助他解决。

输入

输入数据只有一组。

在这组数据中，第一行包含两个整数 n 和 m ($n \leqslant 1\,000, m \leqslant 500$)。接下来的 m 行数据包含两个整数 a_i 和 b_i，是第 i 次连接的两个端点。每一个点最多只能被连接一次。

输出

输出占一行。要么是 "panda is telling the truth..." 要么是 "the evil panda is lying again"。

样例输入

4 2
0 1
3 2

样例输出

panda is telling the truth...
空两行

空两行

思路引导

(1) 应该用什么样的模型去解决这个问题？

(2) 如果将这个问题抽象成 2 - SAT，比如拿什么做点，拿什么做边．

解题报告

这道题属于典型的 2 - SAT 问题．由于一个点只能对应一个连线，所以每一个点只有两个选择，要么在圈里，要么在圈外．有些点天生是"势不两立"的，比如 1,3 和 0,2．它们的连线是不可能同时在圈内或者同时在圈外的，因为两个连线是不能相交的．

将这样的连线称之为"互斥的"．试想，如果 a 和 b 互斥，b 和 c 互斥，c 和 a 互斥，这种局势就变成了"不可能局势"．抽象为图，就是出现了"环"．

于是沿着这个思路建图，a_i 是点 i 在圈里，b_i 是点 i 在圈外．如果 i 和 j 互斥，那么 a_i 和 b_j 之间建立一个有向边．说明如果存在 a_i，那么 b_j 一定存在．这样的话根据所有的关系建完边以后，如果存在一个点 p，使 a_p 和 b_p 在一个强联通分量中，那么这种局势就不可能，反之就是可能的局势．

```
#include <iostream>
using namespace std;
const int V = 1005;
int g[V][V];
int stk[V];
int num[V];
int id[V];
int low[V],pre[V];
int cnt,scnt,stop;
int m;

void addedge(int a,int b) {
    if(g[a][b])
        g[a][b]=0;
    else
        g[a][b]=1;
}
void dfs(int v)
{
```

```
        int t,minc = low[v] = pre[v] = cnt + + ;
            stk[stop + +] = v;
            for(int i = 0;i≤2*m;i + +)
              if(g[v][i]){
                if( pre[i] = = -1) dfs(i);
                if(low[i] < minc) minc = low[i];
              }
            if(minc < low[v]){
              low[v] = minc;
              return ;
            }
            do {
                id[t = stk[ - -stop]] = scnt;
                low[t] = 2*m + 1;
            } while(t ! = v);
            + + scnt;
        }

        void tarjan( )
        {   stop = cnt = scnt = 0;
            for(int i = 0;i≤2*m;i + +)
                if(pre[i] = = -1)
                    dfs(i);
        }

        int main( )
        {   int n;
            while(cin > >n > >m){
                memset(g,0,sizeof(g));
                memset(pre, -1,sizeof(pre));
                memset(num,0,sizeof(num));
                memset(low, -1,sizeof(low));
                for(int i = 0;i < m;i + +){
                    int a,b;
```

```
        cin>>a>>b;
            if(a>b) swap(a,b);
            num[a] = i+1;
            num[b] = i+1;
            for(int j=a+1;j<b;j++)
              if(num[j]){
                addedge(2*i+1,2*j);
                addedge(2*i+2,2*j-1);
              }
        }
        tarjan();
        bool ans = true;
        for(int i=0;i<m;i++)
          if(id[2*i] == id[2*i+1])
            ans = false;
        if(ans) cout<<"panda is telling the truth..."<<endl;
        else cout<<"the evil panda is lying again"<<endl;
      }
      return 0;
    }
```

2102 死锁

问题描述

在操作系统中存在着死锁问题. 死销是在执行进程过程中, 因争夺资源而造成的一种互相等待的现象, 若无外力作用, 它们都将无法推进下去. 此时称系统处于死锁状态或系统产生了死锁, 这些永远在互相等待的进程称为死锁进程. 由于资源占用是互斥的, 当某个进程提出申请资源后, 使得有关进程在无外力协助下, 永远分配不到必需的资源而无法继续运行, 这就产生了死锁. 例如, 如果线程 A 占用了资源 1 并等待资源 2, 而线程 B 占用了资源 2 并等待资源 1, 这样两个线程就发生了死锁现象.

为了描述系统资源分配的问题, 我们用一张有向图 G 来表示资源分配图. V 为有向图的顶点集, 包括进程结点集合 $p = \{p_1, p_2, \cdots, p_n\}$ 和资源结点集合 $R = \{r_1, r_2, \cdots, r_m\}$ 两种; E 为有向边的集合, 其元素包括二元组 (p_i, r_j) 或 (r_j, p_i). (p_i, r_j) 表示进程 p_i 申请资源 r_j, (r_j, p_i) 表

示资源 r_j 被进程 p_i 占用.

根据操作系统中的知识可知,如果在一个资源分配图中,从任意一个结点出发,都不存在一条路径能回到自身,则系统中没有死锁,否则系统中可能存在死锁.

现在的任务是判断这张资源分配图是否可能存在死锁.

☞ 输入

输入第一行是一个整数 T,表示有 T 组数据.

每组数据的第一行是四个整数 P,R,E_1,E_2.其中 P 表示进程结点数,$1 \leqslant P$;R 表示资源结点数,$R \leqslant 500$;E_1 表示 (p_i,r_j) 边数;E_2 表示 (r_j,p_i) 边数.接下来 E_1 行每行两个整数 p_i,r_j,表示从结点 p_i 到 r_j 有一条边.接下来 E_2 行每行两个整数 r_j,p_i,表示从结点 r_j 到 p_i 有一条边.其中 $0 \leqslant p_i < P, 0 \leqslant r_j < R$.

☞ 输出

对于每组数据输出一行先输出组数(从 1 开始),接着如果可能存在死锁输出 "Possible";如果不可能存在死锁,则输出一行 "Impossible".

☞ 样例输入

```
2
2 2 1 1
0 1
0 1
3 3 3 4
0 0
1 1
2 2
0 1
2 0
2 1
1 2
```

☞ 样例输出

Case 1：Impossible

Case 2：Possible

思路引导

(1) 如何建图?

(2) 如何判环?

解题报告

这个问题抽象成图模型就是一个简单的判环问题,解法也很简单.进行深度优先搜索.在一次搜索中进入一个点将颜色设为1,退出时设为2.如果搜到了颜色为1的点(即反向边),则说明有环.

```
#include <iostream>
using namespace std;
struct edge{
    int to;
    edge * next;
};
struct node{
    int color;
    edge * next;
};
node ziyuan[505],jincheng[505];
int flag,na,nb;
void dfs(),ziyuandfsvis(int),jinchengdfsvis(int);
void jinchengadd(int a,int b){
    edge *l=new(edge);
    l->to=b;
    l->next=jincheng[a].next;
    jincheng[a].next=l;
}
void ziyuanadd(int a,int b){
    edge *l=new(edge);
    l->to=b;
    l->next=ziyuan[a].next;
    ziyuan[a].next=l;
}
int main(){
    int k,p=0;
    scanf("%d",&k);
    while(k--){
        int ma,mb;
```

```
            scanf("%d%d%d%d",&na,&nb,&ma,&mb);
            for(int i=0;i<na;i++)
                jincheng[i].next=NULL;
            for(int i=0;i<nb;i++)
                ziyuan[i].next=NULL;
            while(ma--){
                int a,b;
                scanf("%d%d",&a,&b);
                jinchengadd(a,b);
            }
            while(mb--){
                int a,b;
                scanf("%d%d",&a,&b);
                ziyuanadd(a,b);
            }
            flag=true;
            dfs();
            printf("Case %d: ",++p);
            if(flag)
                printf("Impossible\n");
                else printf("Possible\n");
        }
        return 0;
    }

void dfs(){
    for(int i=0;i<nb;i++)
        ziyuan[i].color=0;
    for(int i=0;i<na;i++)
        jincheng[i].color=0;
    for(int i=0;i<nb;i++)
        if(ziyuan[i].color==0)
            ziyuandfsvis(i);
    for(int i=0;i<na;i++)
```

```
            if(jincheng[i].color==0)
                jinchengdfsvis(i);
    }
}
void ziyuandfsvis(int i){
    ziyuan[i].color=1;
    edge *l=ziyuan[i].next;
    while(1){
        int x=l->to;
        if(jincheng[x].color==0)
            jinchengdfsvis(x);
        else if(jincheng[x].color==1)
            flag=false;
        l=l->next;
    }
    ziyuan[i].color=2;
}
void jinchengdfsvis(int i){
    jincheng[i].color=1;
    edge *l=jincheng[i].next;
    while(1){
        int x=l->to;
        if(ziyuan[x].color==0)
            ziyuandfsvis(x);
        else if(ziyuan[x].color==1)
            flag=false;
        l=l->next;
    }
    jincheng[i].color=2;
}
```

2103 帮助小 A

问题描述

小 A 是一个只会玩的男孩. 每天当小 A 到家的时候,他会尽快完成家庭作业,然后跑去和他的朋友玩.每天他的老师会让他完成很多作业,但有一个麻烦,如果他不完成作业 i,就无法完成作业 j.小 A 很聪明,所以他可以同时完成很多作业.现在他想知道他完成作业的最小时间.你是个聪明的孩子,所以你会帮助他解决这个问题,对吧?

☞ 输入

存在若干组数据.对每组数据,第一行包含两个整数 $N(1 \leqslant N < 100), M(1 \leqslant M \leqslant 10\,000)$,代表有 N 个作业和 M 个关系,然后有一行含有 N 个整数,第 i 个数代表第 i 个作业需要 t_i s$(1 \leqslant t_i \leqslant 100)$.接下来有 M 行,每行包含两个数 x, y.代表第 x 个作业必须在第 y 个作业开始之前完成.

☞ 输出

对每组数据,如果作业可以被完成,输出最少时间(s)占一行,否者输出"What a cup!".

☞ 样例输入

5 4
1 2 3 4 5
1 2
3 4
2 5
4 5

☞ 样例输出

12

思路引导

(1)如何拓扑排序?
(2)如何求有向无回路图的最短路?

解题报告

这个题用图论的模型来求解,具体做法是先建图.如果 A 在 B 之前完成,就建立一个由 A 指向 B 点边.然后进行拓扑排序,按照拓扑排序的顺序对每条边进行松弛.最后看那个点的最短路径最长就可以了.

```
include <iostream>
using namespace std;
#define M 105
#define N sizeof( struct a)
struct a
```

```c
            int color,t,f,data,sum,key;
            struct a *next;
}num[M];
struct b{
            int f;
            int key;
}ff[M];
typedef struct a * pt;
int tim,n;
void dfs();
void dfsvis(struct a m);
void tuopu();
int zuiduanlu();
int huilu;
int main(){
            int m;
            while(scanf("%d%d",&n,&m)!=EOF){
                        for(int i=0;i<n;i++){
                                    scanf("%d",&num[i+1].data);
                                    num[i+1].color=0;
                                    num[i+1].key=i+1;
                                    num[i+1].f=0;
                                    num[i+1].sum=0;
                                    num[i+1].t=0;
                                    num[i+1].next=NULL;
                        }
                        int a,b;
                        while(m--){
                                    scanf("%d%d",&a,&b);
                                    pt l=(pt)malloc(N);
                                    l->key=b;
                                    l->next=num[a].next;
                                    num[a].next=l;
                        }
```

```
                huilu = 0;
                dfs( );
                if( huilu)
                        printf( "What a cup! \n" ) ;
                else{
                        tuopu( ) ;
                        int ans = zuiduanlu( ) ;
                        printf( "% d\n" ,ans ) ;
                }
        }
        return 0;
}
void dfs( ){
        tim = 0;
        for( int i = 0;i < n;i + + ){
                if( num[ i + 1 ]. color = = 0)
                        dfsvis( num[ i + 1 ] ) ;
                if( huilu)
                        break;
        }
}
void dfsvis( struct a m){
        pt head = m. next;
        int x = m. key;
        num[ x ]. color = 1 ;
        tim + + ;
        num[ x ]. t = tim;
        while( head ){
                int x = head - > key;
                if( ! num[ x ]. color)
                        dfsvis( num[ x ] ) ;
                else if( num[ x ]. color = = 1 ){
                        huilu = 1;
                        break;
```

```
                    }
                    if(huilu) break;
                    head = head -> next;
            }
            num[x].color = 2;
            num[x].f = ++tim;
}
void tuopu(){
        for(int i = 1; i <= n; i++){
                ff[i].f = num[i].f;
                ff[i].key = i;
        }
        for(int i = 1; i <= n; i++)
                for(int j = 1; j <= n - i; j++)
                        if(ff[j].f < ff[j+1].f){
                                struct b temp = ff[j];
                                ff[j] = ff[j+1];
                                ff[j+1] = temp;
                        }
}
int zuiduanlu(){
        for(int i = 1; i <= n; i++)
                num[i].sum = -1;
        for(int i = 1; i <= n; i++){
                int y = ff[i].key;
                if(num[y].sum == -1)
                        num[y].sum = num[y].data;
                pt head = num[y].next;
                while(head){
                        int x = head -> key;
                        if(num[x].sum < num[x].data + num[y].sum)
                                num[x].sum = num[x].data + num[y].sum;
                        head = head -> next;
                }
```

```
    }
    int max = 0;
    for( int i = 1;i≤n;i + + )
            if( max < num[ i ]. sum)
                    max = num[ i ]. sum;
    return max;
}
```

2104 月光宝盒

问题描述

相信大家都看过《月光宝盒》这部经典电影吧,里面有一幕是说晶晶姑娘误以为至尊宝背叛了她,致使她伤心欲绝,于是她便拔剑自杀了. 至尊宝来晚了一步,未能将晶晶姑娘救活,他也悲痛万分. 此时他拿出月光宝盒,对着月光念出咒语"我要 AC",于是时光倒流,但至尊宝还是晚来了一步,晶晶姑娘还是自尽了,他再次拿出月光宝盒,再次念出咒语…如此循环了好多次,还是没能救出晶晶姑娘,于是自尊宝后悔了,后悔当初没好好学习 ACM,如果好好学了就能用程序来帮助他了,因此至尊宝想要聪明的你帮助他. 现有 $n(1≤n≤500)$ 个山洞,有些山洞能相互到达并要花一定时间,这些山洞中有些比较特殊,如果至尊宝在这个山洞使用月光宝盒,那么他就可以时光倒流一定时间,时光倒流后出现在另一个山洞,在别的山洞使用月光宝盒则无效. 如果至尊宝能在晶晶姑娘自杀前来到晶晶姑娘身边,那么他就能救活晶晶姑娘. (开始时至尊宝抱着死去的晶晶姑娘在同一个山洞里)

☞ 输入

输入有多组,每组数据的第一行包括三个整数 n,m,k,表示有 n 个山洞,山洞之间有 m 条道路,k 条能时光倒流的特殊道路(道路都是单向的). 其中 $1≤m,k≤1\ 000$. 第二行包括一个整数 w,表示至尊宝和晶晶姑娘现在所在的山洞编号. 接下有 m 行,每行包括三个整数 x,y,z,表示山洞 x 到 y 有一条要花 z 时间的道路. 再接下有 k 行,每行包括三个整数 p,q,t,表示如果在山洞 p 使用月光宝盒,则能时光倒流 t 时刻,时光倒流后出现在 q 山洞.

☞ 输出

如果至尊宝能救活晶晶,输出"YES",否则输出"NO",每个输出占一行.

☞ 样例输入

4 4 1

1

1 2 3
2 3 1
2 4 4
3 1 1
4 3 10
4 4 1
1
1 2 3
2 3 1
2 4 4
3 1 1

☞**样例输出**

YES

NO

思路引导

(1) 什么情况下至尊宝可以救到晶晶姑娘？

(2) 如何判断点是否在一个负权回路中？

解题报告

这是一道以图为模型的题. 有一个起点 s. 若要判断是否存在一个路径, 从 s 点出发再回到 s 点时, 所有遍历的边的权值和为负. 这条路径就称为负权回路. 当且仅当存在这样的路时, 晶晶才有存活的机会.

首先回忆一下 Bellman-ford 算法. 这个算法有一个返回值, 就是是否存在负权回路(具体伪代码参加《算法导论》). 在松弛 $v-1$ 次所有边以后, 如果还有可以松弛的边, 那么这个边就是负权回路中的边. 不过是否能判断这个负权回路到底包不包含 s 点呢？

其实也不难, 可以先求一般强连通分量, 如果这个边的点和 s 点属于同一个强联通分量中, 那么就说明 s 点在这个负权回路中.

```
#include <iostream>
using namespace std;
#define INF 0x3f3f3f3f
const int MAXN = 505;
const int E = 2005;
```

```c
int pre[MAXN],low[MAXN],stk[MAXN],id[MAXN],ecost[E],cost[MAXN];
int head[MAXN],nxt[E],pnt[E];
int tim,cnt,top,n,e;
void dfs(int a){
    int minc,t;
    minc = pre[a] = low[a] = tim + + ;
    stk[top + +] = a;
    for(int i = head[a];i! = -1;i = nxt[i]){
        int b = pnt[i];
        if(pre[b] = = -1) dfs(b);
        if(low[b] < minc) minc = low[b];
    }
    if(minc < low[a]){
        low[a] = minc;
        return;}
    do{
        id[t = stk[ - -top]] = cnt;low[t] = n;
    }while(t! = a);
    cnt + + ;
}
void tarjan(){
    memset(pre, -1,sizeof(pre));
    tim = top = cnt = 0;
    for(int i = 1;i≤n;i + +)
        if(pre[i] = = -1)
            dfs(i);
}
void relax(int a,int b,int c){
    if(cost[a] + c < cost[b])
        cost[b] = cost[a] + c;
}
bool bellman(int s){
    for(int i = 1;i≤n;i + +)
        cost[i] = INF;
```

```
                cost[s] = 0;
                for(int i = 0;i < n;i + + )
                        for(int j = 1;j≤n;j + + )
                                for(int k = head[j];k! = -1;k = nxt[k])
                                        relax(j,pnt[k],ecost[k]);
                for(int j = 1;j≤n;j + + )
                        for(int k = head[j];k! = -1;k = nxt[k])
                                if(cost[j] + ecost[k] < cost[pnt[k]] && id[j] = = id[s])
                                        return true;
                return false;
}
void addedge(int a,int b,int c){
                pnt[e] = b;nxt[e] = head[a];head[a] = e;ecost[e] = c;e + + ;
}
void tarjan();
int main(){
                int m,k;
                while(scanf("%d%d%d",&n,&m,&k)! = EOF){
                        int s;
                        e = 0;
                        scanf("%d",&s);
                        memset(nxt, -1,sizeof(nxt));
                        memset(head, -1,sizeof(head));
                        for(int i = 0;i < m;i + + ){
                                int a,b,c;
                                scanf("%d%d%d",&a,&b,&c);
                                addedge(a,b,c);
                        }
                        for(int i = 0;i < k;i + + ){
                                int a,b,c;
                                scanf("%d%d%d",&a,&b,&c);
                                addedge(a,b,0 - c);
                        }
                        tarjan();
```

```
        bool ans = bellman(s);
        if(ans) printf("YES\n");
        else printf("NO\n");
    }
    return 0;
}
```

2105 Candies

问题描述

上幼儿园的时候,Flymouse 是班长. 有一天,班主任给 Flymouse 他们班的买了一大袋糖果并且让 Flymouse 分给他们. 所有的小孩都很喜欢糖果并且经常比较他们拥有的糖果. 小 A 会认为小 B 在某方面比他强,所以才能够得到更多的糖果,不过他永远不会比小 B 少得一定数目的糖果,无论他实际上得到了多少糖果,否则他会觉得不满意并且找老师告状.

Snoopy 也是班上的同学. Flymouse 经常会比较他和 Snoopy 的糖果数. 他想将在让所有人满意的前提下让他们糖果数差距最大. 现在他从班主任处拿来了一袋糖果,他最多能制造最大的差距是多少?

输入

输入包含仅一组测试数据. 数据开始是两个不超过 30 000 和 150 000 的正整数. N 是同学数并且同学们的标号是从 1 到 N. 接下来的 M 行依次包含三个整数 A,B 和 C,表示 A 相信 B 永远不比他多得至多 C 个糖果.

输出

输出最大的可能. 数值大小被证明是有限的.

样例输入

2 2
1 2 5
2 1 4

样例输出

5

思路引导

(1) 这是一个什么样的图论问题?

(2)选择用 spfa 还是 dijskstra？

解题报告

这道题是一个求最短路径的问题. 因为点比较多, 所以为了方便用 spfa 写. 不过用队列会溢出, 用循环队列会超时. 所以这道题可以用栈写, 既可以节省点, 又可以省时间.

```
#include <iostream>
#define M 16
#define inf 1000000001
using namespace std;
int w[M][M];
int n,flag;
int num[M][M][M];//num [ ][ ][n]
int aa [M];//所有奇数度结点,大小为 flag ,末尾为 0,flag-1;
int map [M];
int min(int a,int b){
        if(a<b)return a;
        else return b;}
void floyd(){
        for(int i=1;i≤n;i++)
                for(int j=1;j≤n;j++)
                        num[i][j][1]=w[i][j];
        for(int k=2;k≤n;k++){
                for(int i=1;i≤n;i++)
                        for(int j=1;j≤n;j++)

num[i][j][k]=min(num[i][j][k-1],num[i][k][k-1]+num[k][j][k-1]);
        }
}
int minsum;
void calcul (int sum)
{
    int p=-1;
    for (int i=0;i<flag;i++)
    {
        if (! map [i])
```

```
                if (p = = -1)
                {
                    p = i;
                    map [i] = 1;
                }
                else
                {
                    map [i] = 1;
                    calcul (sum + num [aa [p]] [aa [i]] [n]);
                    map [i] = 0;
                }
        }
        if (p = = -1)
            if (sum < minsum)
                minsum = sum;
        map [p] = 0;
        return ;
}
int main( ) {
        int m;
        while( scanf("%d",&n) ! = EOF) {
                if( ! n)
                        return 0;
                scanf ("%d",&m);
            for( int i = 1;i≤n;i + + ) {
                        w[i][0] = 0;
                        for( int j = 1;j≤n;j + + ) {
                            if( i = = j)
                                    w[i][j] = 0;
                            else
                                    w[i][j] = inf;
                        }
                }
                int sum = 0;
```

```
            while(m--){
                    int a,b,c;
                    scanf("%d%d%d",&a,&b,&c);
                    if(c<w[a][b]){
                            w[a][b]=c;
                            w[b][a]=c;
                    }
                    w[a][0]++;
                    w[b][0]++;
                    sum+=c;
            }
            floyd();
            flag=0;
            for(int i=1;i≤n;i++)
                    if(w[i][0]%2)
                            aa[flag++]=i;
            for (int i=0;i<flag;i++)
                map[i]=0;
            minsum=inf;
            calcul(0);
            printf("%d\n",sum+minsum);
    }
        return 0;
}
```

2106 Touring

问题描述

小李和最好的朋友小刘在美丽的 M 国旅游.

M 国共有 n 个城市和 m 个双向联通道路. 每条路都有确定的长度. 假设路费仅仅和路的长度有关, 走的路越远, 花的钱越多.

现在, 小李和小刘在 c 城市, 他们已经决定下一站要分开旅行.

小李要去风景宜人的 a 市, 小刘要去有古庙的 b 市.

你是他们的智囊团, 告诉他们如何用最少的钱去到达目的地.

☞ 输入

输入文件包含多组测试样例. 第一行有两个正整数 n 和 m($3 \leq n \leq 5\,000, 1 \leq m \leq 10\,000$). 城市编号从 1 到 n. 接下来有三个整数 C, A, B. 接下来有 M 行, 每一行有三个整数 i, k 和 j, 表示城市 i 和 j 之间有一条路, 应该付 k 元钱.

数据处理到文件结尾.

☞ 输出

对每组数据, 首先输出 "Scenario #p", p 是样例的编号. 如果小李和小刘能够各自到达想去的城市, 输入他们要花费的最少费用; 否则输入 "Can not reah!", 占一行. 在每组数据后输出一个空行, 包括最后一组数据.

☞ 样例输入

```
4 5
1 3 4
1 2 100
1 3 200
1 4 300
2 3 50
2 4 100
4 6
1 3 4
1 2 100
1 3 200
1 4 300
2 3 50
2 4 100
3 4 50
```

☞ 样例输出

```
Scenario #1
250

Scenario #2
200
```

☞ 提示

他们可以一起走一段时间.

对于第一个样例：小刘和小李在城市 1 和城市 2 一起乘车．然后小李从城市 2 到城市 3，小刘从城市 2 到城市 4，所以总费用为 100 + 50 + 100 = 250 元．

思路引导

（1）怎样确定最小费用？
（2）如何尽量减小时间复杂度？

解题报告

这道题主要的难点在于如何确定两个人在哪个城市分开为最优．一个可行的算法是依次求出三个点的最短路，然后枚举他们分开的城市（在起点分开或者在某人的目的地分开都是可行的），最后去最优值．

还有一点要注意，由于点比较多，此题很容易超时，必须手写堆 + dijsktra．用 bsfa 也是可以过的，因为边比较少，属于稀疏图．

```
#include <iostream>
#include <algorithm>
using namespace std;
#define M 5005
#define N sizeof( struct a)
#define inf 100000001
struct a{
        long key,data,heapflag;
        a *next;
}num[M];
int n,heapsize;
int flaga[M],flagb[M],flagc[M];
int heap[M];
void decreaseheap(int a);
void exchange(int a,int b);
void insertg(int a,int b,int c);
bool cmp(int a,int b);
void heapify(int a);
int heapque();
void buildheap();
void relax(int a,int b,int c);
void dijsktra(int s);
```

```
int main( ){
    int m,a,b,c,k=1;
    while( scanf("%d%d%d%d%d",&n,&m,&a,&b,&c)!=EOF){
        for( int i=1;i≤n;i++)
            num[i].next=NULL;
        while(m--){
            int p,q,u;
            scanf("%d%d%d",&p,&q,&u);
            insertg(p,q,u);
            insertg(q,p,u);
        }
        dijsktra(a);
        printf("Scenario #%d\n",k++);
        if(num[b].data==inf||num[c].data==inf)
            printf("Can not reach! \n");
        else {
            for( int i=1;i≤n;i++){
                flaga[i]=num[i].data;
            }
            long sum=num[b].data+num[c].data;
            dijsktra(b);
            for( int i=1;i≤n;i++)
                flagb[i]=num[i].data;
            dijsktra(c);
            for( int i=1;i≤n;i++)
                flagc[i]=num[i].data;
            for( int i=1;i≤n;i++)
                if(flaga[i]+flagb[i]+flagc[i]<sum)
                    sum=flaga[i]+flagb[i]+flagc[i];
            printf("%ld\n",sum);
        }
        printf("\n");
    }
    return 0;
}
```

```
}
void insertg(int aa, int b, int c){
        a *l = (a*)malloc(N);
        l->next = num[aa].next;
        l->key = b;
        l->data = c;
        num[aa].next = l;
}
void exchange(int a, int b){
        int temp = heap[a];
        heap[a] = heap[b];
        heap[b] = temp;
        num[heap[a]].heapflag = a;
        num[heap[b]].heapflag = b;
}
bool cmp(int a, int b){
        return num[a].data < num[b].data;
}
void heapify(int a){
        int l = 2*a;
        int r = l+1;
        int min;
        if(l≤heapsize && cmp(heap[l], heap[a]))
                min = l;
        else min = a;
        if(r≤heapsize && cmp(heap[r], heap[min]))
                min = r;
        if(min != a){
                exchange(a, min);
                heapify(min);
        }
}
void insertheap(int a){
        heapsize++;
```

```
        decreaseheap(heapsize);
}
int heapque(){
        int min = heap[1];
        heap[1] = heap[heapsize--];
        num[heap[1]].heapflag = 1;
        heapify(1);
        return min;
}
void decreaseheap(int a){
        while(a > 1 && cmp(heap[a],heap[a/2])){
        exchange(a/2,a);
        a/ = 2;
        }
}
void relax(int b,int a,int c){
        if(num[a].data > num[b].data + c){
                num[a].data = num[b].data + c;
                decreaseheap(num[a].heapflag);}
}
void dijsktra(int s){
        heapsize = 0;
        for(int i = 1;i≤n;i++){
                num[i].data = inf;
                num[i].heapflag = i;
                heap[i] = i;
        }
        num[s].data = 0;
        for(int i = 1;i≤n;i++)
                insertheap(i);
        while(heapsize){
                int x = heapque();
                a * l = num[x].next;
                while(1){
```

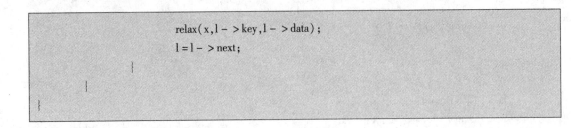

2107 Comparing Your Heroes

问题描述

目前,很多大学里的学生喜欢逃课,在寝室里玩电脑游戏.其中男生里最流行的游戏叫做"拳皇",它是由 SNK 公司开发的动作类游戏.这个系列的游戏如此成功以至于 SNK 推出了相关连环画并为它设计了故事情节.虽然在故事中 IORI 和 KYO 是绝对的最强者,不过这不会影响玩家们的喜好,每一个玩家都有自己喜欢的英雄.

作为"拳皇"的铁杆粉丝,你需要帮助其他玩家去找出它们心目中的英雄排名.玩家仅仅提供英雄间的比较信息.不过有时候这会带来疑惑:并不是只有一种排列满足这些比较信息.所以首先你要指出有多少种可能的排列可以满足一个特定的玩家的比较.

☞输入

输入包含多组数据.每组数据开始包含一个正整数 N,占一行,代表比较的数目.接下来的 N 行是英雄间的比较.每一行包含两个英雄的名字,中间有一个空格,代表玩家比第二个英雄来讲更喜欢第一个.英雄的名字是至多含 10 个大写字母的字符串.没有两个比较会是相同的.你可以确定英雄的数目不超过 16 个.

☞输出

对每组数据,输出一个数代表满足比较信息的排列的个数.如果没有这个排列,输出"0".

☞样例输入

4
IORI KYO
MARY SHERMIE
KYO ANDY
SHERMIE ANDY
3

IORI KYO
KYO CLARK
CLARK IORI

☞ 样例输出

6
0

思路引导

(1) 这道题应该抽象成什么问题?
(2) 既然这么少的点,枚举可不可以?
(3) 如果枚举超时,应该怎样优化?

解题报告

若这道题抽象为图论问题,就是判断一个图有多少种拓扑排序的可能.

由于点很少,不难想到用递归实现的暴力搜索(回溯法),每一次枚举拆一个入度为零的点,搜索的次数等于实际解的个数,时间复杂度为 $O(2^n)$.

这里可以用一些技巧将算法优化. 首先在搜索的过程中有很多状态是之前用到过的. 比如图 1->2 2->3 4->2,我们先拆掉点 1 再拆掉点 4 的时候,剩下的状态是 2->3. 先拆掉点 4 再拆掉点 1 的时候,剩下的状态也是 2->3. 这样重复的状态如果可以记忆,那么效率就会大大提升. 但是我们知道状态的种类也是指数级的,n 个点就会有 2^n 种情况. 空间复杂度很高. 所以这种算法只适合 n 比较小的情况.

可以利用二进制来储存状态,比如图里只有 1,4,5,这三个点的排列就储存为 10011.

转换为十进制也就是 19.

由于状态的最大值也就是 2^{16},完全可以用数组存储.

```
#include <iostream>
using namespace std;
#define M 1<<17
int num[18][18];
char name[18][15];
int base[18];
int dag[18];
int flag[M];
int n,m;
int cal(char x[]){
```

```c
        for( int i = 0; i < n; i + + )
            if( ! strcmp( name[ i ], x ) )
                return i;
        strcpy( name[ n ], x );
        return n + + ;
}
int find( int x ) {
        if( flag[ x ] > 0 ) { return flag[ x ]; }
        for( int i = 0; i < n; i + + )
            if( dag[ i ] = = 0 && ( ( x & base[ i ] ) = = base[ i ] ) ) {
                for( int j = 0; j < n; j + + )
                    if( num[ i ][ j ] )
                        dag[ j ] - - ;
                flag[ x ] + = find( x ^ base[ i ] );
                for( int j = 0; j < n; j + + )
                    if( num[ i ][ j ] )
                        dag[ j ] + + ;
            }
        return flag[ x ];
}
int main( ) {
        char a[ 15 ], b[ 15 ]; base[ 0 ] = 1;
        for( int i = 1; i < 17; i + + ) {
            base[ i ] = base[ i - 1 ] < < 1;
        }
        while( scanf( "% d", &m ) ! = EOF ) {
            n = 0; int c, d;
            memset( flag, 0, sizeof( flag ) );
            memset( num, 0, sizeof( num ) );
            memset( dag, 0, sizeof( dag ) );
            for( int i = 0; i < m; i + + ) {
                scanf( "% s% s", a, b );
                c = cal( a ); d = cal( b );
                num[ c ][ d ] = 1;
```

```
            dag[d]++;
        }
        for(int i=0;i<n;i++)
            flag[base[i]]=1;
        int ans=find(base[n]-1);
        printf("%d\n",ans);
    }
    return 0;
}
```

2108   Shortest Path

问题描述

当YY还是一个小男孩,LMY还是一个小女孩的时候,他们在GD组一起训练参加NOI(国家信息学奥林匹克竞赛)比赛.有一天,GD组的教练让他们去解决如下最短路问题.

这里有一个有向带权图.并且对这个有向带权图有如下两种操作:

(1)在图中标记一点.

(2)找到两个已经标记的点之间的最短路径.

这是LMY第一次遇到这种问题,她十分紧张.这个时候,YY决定去帮助LMY分这个最短路问题.在YY的帮助下,LMY立刻就把问题解决了,她非常佩服YY.从此以后,当LMY遇到难题的时候,她总是让YY帮助她解决.当然,YY也十分乐意帮助她.后来,大家都知道,他们成了情侣.

你能帮助解决这个最短路问题吗?

☞输入

输入包含多组测试数据.对每组数据,第一行包含三个整数 N,M,Q.其中,N是给定图的点的个数,$N \leq 300$;M是边数,$M \leq 100\,000$;Q代表操作数,$Q \leq 100\,000$;所有的点按照0到$N-1$标号.一开始所有的点均未标号.接下来的M行有三个整数(x,y,c)来描述一条边.起点x,终止点y,和边权值$c(c>0)$.接下来的Q行每一行描述一个操作,"0 x"代表点x被标记,操作"1 x y"代表查询x,y之间经过标记过的点的最短路.在每个连续的测试数据之间有一个空行.

$N=M=Q=0$代表输入结束.

☞ 输出

每组数据以"Case #"开始,其中#代表数据数,从1开始.

对操作"0 x",如果 x 被标记,输出"ERROR! At point x".

对操作"1 x y",如果点 x 或者点没有被标记,则输出"ERROR! At path x to y";如果 y 点从 x 点不可达,则输出"No such path";否则输出路径长度,格式参照样例输出.

☞ 样例输入

5 10 10
1 2 6335
0 4 5725
3 3 6963
4 0 8146
1 2 9962
1 0 1943
2 1 2392
4 2 154
2 2 7422
1 3 9896
0 1
0 3
0 2
0 4
0 4
0 1
1 3 3
1 1 1
0 3
0 4
0 0 0

☞ 样例输出

Case 1:
ERROR! At point 4
ERROR! At point 1

0
0
ERROR! At point 3
ERROR! At point 4

思路引导

(1) 如何求多源最短路?
(2) 如果更新最短路?

解题报告

典型的多源最短路问题. 多源最短路是一个三层循环.

```
for(k=0;k<n;k++)
    for(i=0;i<n;i++)
        for(j=0;j<n;j++)
            cost[i][j]=min(cost[i][j],cost[i][k]+cost[k][j]);
```

这里第一层循环代表,任意两点的路径中只有标号为 0 到 k 的节点是中间节点. 所以 k 只要取遍 0 到 n 的所有值即可,和 k 取值的顺序无关.

由此可以得出,每标记一个节点 k,就枚举所有点,执行 cost[i][j]=min(cost[i][j], cost[i][k]+cost[k][j]) 即可.

```cpp
#include <iostream>
using namespace std;
#define inf 1000000000
int n,m,q;
int num[305][305];
int vis[305];
int minnum(int a,int b)
{
    if(a<b)
        return a;
    else
        return b;
}
int main()
{
    int cnt=1;
```

```c
while(scanf("%d%d%d",&n,&m,&q)!=EOF)
{
    if(!n&&!m&&!q) return 0;
    else if(cnt>1) printf("\n");
    int i,j;
    for(i=0;i<n;i++)
        for(j=0;j<n;j++){
            num[i][j]=inf;
            if(i==j)
                num[i][j]=0;
        }
    while(m--)
    {
        int a,b,c;
        scanf("%d%d%d",&a,&b,&c);
        if(num[a][b]>c)
            num[a][b]=c;
    }
    printf("Case %d:\n",cnt++);
    memset(vis,0,sizeof(vis));
    while(q--)
    {
        int a,b,c;
        scanf("%d",&a);
        if(!a)
        {
            scanf("%d",&b);
            if(vis[b])
                printf("ERROR! At point %d\n",b);
            else
            {
                vis[b]=1;
                for(i=0;i<n;i++)
                    for(j=0;j<n;j++)
```

```
                num[i][j] = min(num[i][j],num[i][b]+num[b][j]);
            }
        }
        else
        {
            scanf("%d%d",&b,&c);
            if(vis[b]==0||vis[c]==0)
                printf("ERROR! At path %d to %d\n",b,c);
            else
            {
                if(num[b][c]==inf)
                    printf("No such path\n");
                else
                    printf("%d\n",num[b][c]);
            }
        }
    }
    return 0;
}
```

2109　The Matrix Problem

问题描述

现在又有一个矩阵 C_{N*M},每一个矩阵中的元素 E 都是不超过 1 000 的正整数. 问题是,如果存在 N 个整数 $a_1, a_2, \cdots, a_n$ 和 M 个整数 $b_1, b_2, \cdots, b_m$,满足第 i 行的元素乘以 a_i 和第 j 列的元素除以 b_j 后,每一个矩阵中的元素都在 L 和 U 之间. 其中,L 代表元素下限;U 代表元素上限.

☞输入

输入多组数据,你需要处理到文件结尾. 每一组数据包含两部分:第一部分,一行中的四个整数,N, M, U, L,表示矩阵有 N 行和 M 列,L 是下界,U 是上界 ($1 \leqslant N, M \leqslant 400, 1 \leqslant L \leqslant U \leqslant 10\ 000$);第二部分,总共 N 行,每一行包含 M 个整数,这些是矩阵中的元素.

☞ **输出**

如果有一个解决方案输出"YES",否则输出"NO".

☞ **样例输入**

3 3 1 6
2 3 4
8 2 6
5 2 9

☞ **样例输出**

YES

思路引导

(1) 如何进行数学建模?
(2) 如何将 $L \leq M_{ij} * a_i / b_i \leq U$ 变为加法?
(3) 如何解方程组?
(4) 如何判负环?

解题报告

这是一道差分约束系统的题,一开始得到不等式 $L \leq M_{ij} \times a_i / b_i \leq U$. 我们要力求把它变成我们平时熟悉的式子. 将乘除变为加减,其中最有效的方法就是两边取对数,变成

$$\log a_i - \log b_i \leq \log U - \log M_{ij}$$
$$\log b_i - \log a_i \leq \log M_{ij} - \log L$$

于是把 a_i 和 b_i 都抽象成图的点, $\log U - \log M_{ij}$ 和 $\log M_{ij} - \log L$ 变成两条边的长. 最后判断是否存在最短路使此题有解.

其实不存在最短路的情况只有一种,就是存在负权圈. 这里用 dfs 版的 spfa 算法来寻找负权圈,如果发现深搜的路径上存在一个可以松弛的边,说明这个路一定是一个负权回路.

```
#include < iostream >
#include < math. h >
using namespace std;
#define inf 1000000000
#define V 805
#define E 500000
double cost[ E ] ,dist[ V ] ;
int hd[ V ] ,nxt[ E ] ,num[ V ][ V ] ,pnt[ E ] ,sum,vis[ V ] ,que[ E ] ;
int e;
```

```
void addedge(int a,int b,double c)
{e++;
    nxt[e] = hd[a];
    hd[a] = e;
    pnt[e] = b;
    cost[e] = c;

}
bool spfa(int u)
{
    vis[u] = 1;
    for(int i = hd[u];i! = 0;i = nxt[i])
    {
        int v = pnt[i];
        if(dist[v] < dist[u] + cost[i])
        {
            dist[v] = dist[u] + cost[i];
            if(vis[v] = = 1)
                return false;
            else if(! spfa(v))
                return false;
        }
    }
    vis[u] = 2;
    return true;
}
int main()
{
    int n,m,i,j;
    double u,l;
    while(scanf("%d%d%lf%lf",&n,&m,&l,&u)! = EOF)
    {
        e = 0;
        double du = log(u);
```

```
        double dl = log(l);
        for(i = 0; i < n; i++)
            for(j = 0; j < m; j++)
                scanf("%d", &num[i][j]);
        memset(hd, 0, sizeof(hd));
        for(i = 0; i < n; i++)
            for(j = 0; j < m; j++)
            {
                addedge(i, j+n, log((double)num[i][j]) - du);
                addedge(j+n, i, dl - log((double)num[i][j]));
            }
        bool ans = true;
        for(i = 0; i < n+m; i++)
        {
            dist[i] = 0;
            vis[i] = 0;
        }
        dist[0] = 0;
        for(int i = 0; i < n+m; i++)
            if(!vis[i] && !spfa(i)){
                ans = false;
                break;
            }
        if(ans)
            printf("YES\n");
        else printf("NO\n");
    }
    return 0;
}
```

2110 Remmarguts' Date

问题描述

"好男人绝不会让女孩等待或者失约!"鸳鸯的父亲摸着小鸳鸯的头,给它讲了一个故事.

"Remmarguts 王子生活在 UDF——自由三角洲——王国里",有一天他们的邻国给了他们一个关于 Uyuw 公主的外交任务.

"至此,公主给了 Remmarguts 一封信,告诉他她想到宫殿去并且和 UDF 国进行商业会谈,当且仅当王子能通过第 K 短路见到她"(实际上,公主一点都不想来).

主要对这场会谈和可爱的公主极度感兴趣,他被迷住了. 他需要你——首席大臣的帮助.

注意:UDF 的首都由 N 个站组成. 宫殿标号为 T,第 T 站表示王子目前的位置. 各站之间有 M 个有向边. Remmarguts 欢迎公主的路线可能会经过同一个站两次或两次以上,即使是 S 或者 T. 拥有相同长度的不同路径被认为是不同的.

☞ **输入**

第一行包含两个整数 N 和 M($1 \leqslant N \leqslant 1\ 000, 0 \leqslant M \leqslant 100\ 000$). 站的标号从 1 到 N. 接下来的 M 行,每行都包含三个整数 A,B 和 T($1 \leqslant A, B \leqslant N, 1 \leqslant T \leqslant 100$),表示从 A 到 B 有一条耗时为 T 的有向路.

最后一行有三个整数 S,T 和 K($1 \leqslant S, T \leqslant N, 1 \leqslant K \leqslant 1\ 000$).

☞ **输出**

单独的一行,包含一个整数. 表示欢迎公主的第 K 短路径. 如果第 K 短路不存在,应该输出 "-1".

☞ **样例输入**

2 2
1 2 5
2 1 4
1 2 2

☞ **样例输出**

14

思路引导

(1)如何求最短路?

(2)如何实现优先级队列?

解题报告

这是一个 K 短路问题,是求从 S 点到 T 点的最短路. 具体做法是 A-star 搜索,为节点设置一个估价函数 $h(i)$,其中已经走过的代价为 $f(i)$,最后每层搜索开始前贪心选择 $h(i) + f(i)$ 最小的点.

这里就需要维护一个优先级队列,选择用 stl 实现.
$H(i)$ 表示从 i 节点到终点的最短路;$f(i)$ 表示已经走过的路的权值总和.

```cpp
#include <iostream>
#include <vector>
#include <queue>
#include <algorithm>
using namespace std;

#define MAXN 1001
#define INF 0x7f7f7f7f

typedef pair<int,int> PAIR;
//typedef make_pair MP;


int dist[MAXN],n,m,S,T,K,cnt[MAXN];

vector<PAIR> map1[MAXN],map2[MAXN];

struct path{
    int v,g;
    path(){};
    path(int a,int b):v(a),g(b){}
};


void dijkstra(){
    int i,u,len,v,cost;
    priority_queue<PAIR,vector<PAIR>,greater<PAIR> > qu;//最小堆
    //priority_queue<PAIR> qu;//最大堆
    
    memset(dist,0x7f,sizeof(dist));
    dist[T]=0;
    qu.push(make_pair(0,T));
```

```
        while( ! qu. empty( ) ){
            u = qu. top( ). second;
            len = qu. top( ). first;
            qu. pop( );
            if( dist[ u ]! = len)//该路径并不是局部最短路,故不作扩展
                continue;
            for( i = 0;i < map1[ u ]. size( );i + + ){
                v = map1[ u ][ i ]. second;
                cost = map1[ u ][ i ]. first;
                if( dist[ v ] > dist[ u ] + cost){
                    dist[ v ] = dist[ u ] + cost;
                    qu. push( make_pair( dist[ v ],v ) );
                }
            }
        }
    }
}
class CP{
public:
    int operator( )( path &a,path &b){
        return a. g + dist[ a. v ] > b. g + dist[ b. v ];//最小堆
    }
};
int astar( ){
    int i,v,cost,len;
    memset( cnt,0,sizeof( cnt ) );
    priority_queue < path,vector < path > ,CP > qu;
if( S = = T)
        K + +;
    if( dist[ S ] = = INF)
        return - 1;
    qu. push( path( S,0 ) );
    while( ! qu. empty( ) ){
        v = qu. top( ). v;
```

```
            len = qu.top().g;
            qu.pop();
            cnt[v]++;
            if(cnt[T]==K)
                return len;
            if(cnt[v]>K)/*若v是S到T的K短路上的一点,则cnt[v]不可能大于K,否则已至少有从S
到T的cnr[v]-1条比现计划路径短的路径,与v是S到T的K短路上的一点矛盾*/
                continue;
            for(i=0;i<map2[v].size();i++)
                qu.push(path(map2[v][i].second,len+map2[v][i].first));
    }
    return -1;
}
int main(){
    int i,x,y,d;
    while(scanf("%d%d",&n,&m)!=EOF)
    {
        for(i=0;i<m;i++){
            scanf("%d%d%d",&x,&y,&d);
            map1[y].push_back(make_pair(d,x));
            map2[x].push_back(make_pair(d,y));
        }
        scanf("%d%d%d",&S,&T,&K);
        dijkstra();
        printf("%d\n",astar());
    }
    return 0;
}
```

2.2 搜索

2201 油田合并

问题描述

某石油公司发现了一个油田.该油田由 $n \times m$ 个单元组成的矩形,有些单元里有些有石油,有些则没有.单元油田可以通过上、下、左或右连通.在一个单元油田里架设一台采油机,它可以把和该单元油田相连的单元油田的石油采完.该公司想知道最少需要架设几台采油机才能把所有的石油采完?

☞**输入**

先输入 2 个正整数 $n, m (1 \leq n, m \leq 50)$.接着有 n 行,每行有 m 个字符."@"表示该单元有石油,"*"则表示该单元没有石油.

输入到文件结束.

☞**输出**

对于每组测试,输出最少需要架设几台采油机.

☞**样例输入**

2 2
@ *
* @
2 2
@ @
@ @

☞**样例输出**

2
1

思路引导

(1) 是用深度搜索,还是广度搜索?
(2) 当确定了搜索方法时,应该注意哪些问题?

解题报告

此题的程序用的是深度优先搜索。开始设一个变量 many，表示找到了多少块油田，初始值为 0。接着可以从第一块土地开始搜索，当遇到没有标号的油田时，用深度搜索把与这块油田相连的其他油田全部标号，并且 many^{++}；当把整个地图全部扫描完毕后，最后只需要输出 many 的值即可。

这道题目也可以用广度搜索做，同学们看完深度搜索做法后，再思考一下用广度搜索怎么做。

```
#include <iostream>
using namespace std;
char s[55][55];
int map[55][55];
int n,m,many;
int dfs(int i,int j);  //深搜
int main()
{
    while(scanf("%d%d",&n,&m)!=EOF)
    {
        many=0;    //给 many 初始化,这个可不能忘记呀!
        memset(map,0,sizeof(map));  //给 map 数组初始化
        for(int i=0;i<n;i++)
            scanf("%s",s[i]);
        for(int i=0;i<n;i++)
            for(int j=0;j<m;j++)
                if(map[i][j]==0&&s[i][j]=='@')
                    many+=dfs(i,j);
        printf("%d\n",many);
    }
    return 0;
}
int dfs(int i,int j)
{……
    map[i][j]=1;
```

```
        if(i+1<n&&s[i+1][j]=='@'&&map[i+1][j]==0)/*判断(i+1,j)这个点是否符合条件
dfs(i+1,j)*/
        if(j+1<m&&s[i][j+1]=='@'&&map[i][j+1]==0)/*判断(i,j+1)这个点是否符合条件
dfs(i,j+1)*/
        if(i-1>=0&&s[i-1][j]=='@'&&map[i-1][j]==0)/*判断(i-1,j)这个点是否符合条件
dfs(i-1,j)*/
        if(j-1>=0&&s[i][j-1]=='@'&&map[i][j-1]==0)/*判断(i,j-1)这个点是否符合条件
dfs(i,j-1)*/
        return 1;
}
```

2202 象棋中的马的问题

问题描述

现在棋盘的大小不一定,由 p,q 给出,并且在棋盘中将出现障碍物(限制马的行动,与象棋走法相同).

☞ 输入

第一行输入 n,表示有 n 组测试数据.每组测试数据第一行输入 2 个整数 p,q,表示棋盘的大小($1 \leq p,q \leq 100$).每组测试数据第二行输入 4 个整数,表示马的起点位置与终点位置.第三行输入 m,表示图中有多少障碍.接着跟着 m 行,表示障碍的坐标.

☞ 输出

马从起点走到终点所需的最小步数.
如果马走不到终点输入"can not reach!".

☞ 样例输入

    2
    9 10
    1 1 2 3
    0
    9 10
    1 1 2 3
    8
    1 2

2 2
3 3
3 4
1 4
3 2
2 4
1 3

☞ **样例输出**

1
can not reach!

思路引导

(1)要用深度搜索,还是广度搜索?
(2)当确定了搜索方法时,应该注意哪些问题?

解题报告

针对于此题,应选择广度优先搜索,简称"广搜"。一开始把马的起始点加入队列,然后用广搜的思想把此点能到达的其他点加入队列,这里需要一个can数组来记录此点在之前是否已经加入队列,如果加入过队列当中,就不需要再加入了。直到队列里的元素为空,或者搜到了题目中的终点,搜索即停止。然后输出相应答案即可。

```
#include <iostream>
using namespace std;
typedef struct
{
    int x,y,step;
}queue_type;
queue_type queue[15000];
int map[105][105];//map 数组储存的是棋盘的状态
int can[105][105];//can 数组判断重点
int zan[8][2]={-2,-1,-2,1,-1,2,1,2,-1,1,-2,-1,-2};
    //方向数组,用来优化广搜的代码
int zhang[4][2]={-1,0,0,1,1,0,0,-1};
//判断障碍物的方向数组,也是用来优化代码的
int main()
```

第 2 章　图论及搜索

```c
{
    int ncase,t,w,sx,sy,ex,ey,m,p,q;
    int t1,t2,x,y;
scanf("%d",&ncase);
while(ncase--)
{
    memset(map,0,sizeof(map));
    memset(can,0,sizeof(can));
    scanf("%d%d",&p,&q);
    scanf("%d%d%d%d",&sx,&sy,&ex,&ey);
    scanf("%d",&m);
    while(m--)
    {
        scanf("%d%d",&t,&w);
        map[t][w]=1;
    }
    t=w=1;   //第29行到33行都属于广搜的初始阶段
    queue[t].x=sx;
    queue[t].y=sy;
    queue[t].step=0;
    can[sx][sy]=1;
    while(t<=w&&!can[ex][ey])    /*广搜的灵魂部分,用了很多代码优化,从第34行到52行*/
    {
        x=queue[t].x;
        y=queue[t].y;
        for(int i=0;i<8;i++)
            if(map[x+zhang[i/2][0]][y+zhang[i/2][1]]==0)
            {
                t1=x+zan[i][0];
                t2=y+zan[i][1];
                if(t1>0&&t1<=p&&t2>0&&t2<=q&&!can[t1][t2]&&!map[t1][t2])
                {
                    queue[++w].x=t1;
                    queue[w].y=t2;
```

```
                queue[w].step = queue[t].step +1;
                can[t1][t2] =1;
            }
        }
        t ++;
    }
    if (t > w)
        printf("can not reach! \n");
    else
        printf("%d\n",queue[w].step);
}
return 0;
}
```

2203 多米诺骨牌游戏

问题描述

Xiaoz最近比较无聊,于是他找了一个智力小游戏——多米诺骨牌来玩.游戏规则是推倒一张多米诺骨牌,由于连锁反应和它有关的多米诺骨牌都会相应倒下.谁倒下的多米诺骨牌最多,谁的智力最高.如果你能把所有的多米诺骨牌都推倒,并且最后一张多米诺骨牌是西红柿,那么你的智力就无敌了!

可是Xiaoz很笨,总是不能一次把全部的多米诺骨牌推倒.没办法,Xiaoz决定采用一种新的玩法:只要最后一张多米诺骨牌是西红柿就算智力高!这下游戏可简单多了,没人能发现他的智力低了!

☞输入

每组测试先给出2个正整数$n,m(2 \leq n,m \leq 10)$,表示有一个有$n \times m$个单元的矩阵.矩阵里的每一个小单元代表一个多米诺骨牌(西红柿也是一种多米诺骨牌).接着有n行,每行有m个整数.每个单元里的整数$grid[i][j]$,表示推倒该单位上的多米诺骨牌它会向哪个方向倒下.我们假定矩阵的左上角$(1,1)$是西北方向.最后有2个正整数,表示Xiaoz推倒的第一张多米诺骨牌的位置.

$grid[i][j] = :1$表示向北倒;2表示向南倒;3表示向东倒;4表示向西倒;5表示是西红柿,游戏结束.

第2章 图论及搜索

☞ 输出

对于每组测试判断最后一张多米诺骨牌是不是西红柿,是输出"Good";否则输出"My God".

☞ 样例输入

```
4 4
3 3 3 2
3 3 2 2
1 5 4 2
1 4 4 4
1 1
4 4
3 3 3 2
4 5 3 2
1 1 4 2
1 4 4 4
1 1
```

☞ 样例输出

Good

My God

思路引导

(1)这道题目用深度搜索,但是深度搜索时的搜索条件是什么?

(2)深度搜索的退出条件是什么?

解题报告

这道题目选择的搜索方法是深度搜索,既然题目中给了 Xiaoz 第一张推倒的牌,那么直接模拟搜索顺序即可. 也就是在原来的深度搜索部分加上一些条件判断,即如果搜索的这点值为 1,就需要搜索 $(x-1,y)$ 这个点;若为 2,则搜索 $(x+1,y)$;若为 3,则搜索 $(x,y+1)$;若为 4,则搜索 $(x,y-1)$;如果值等于 5 或者 0,则搜索应该停止,然后输出相应答案. 请同学们想一想,为什么等于 0 的时候也要停止搜索(与初始值有关系)?

```
#include <iostream>
using namespace std;
int dfs(int x,int y);
int map[15][15],can[15][15];
```

```c
int main()
{
    int n,m,sx,sy;
    while (scanf("%d%d",&n,&m)!=EOF)
    {
        memset(map,0,sizeof(map));
        memset(can,0,sizeof(can));
        for (int i=1;i<=n;i++)
          for (int j=1;j<=m;j++)
            scanf("%d",&map[i][j]);
        scanf("%d%d",&sx,&sy);
        if (dfs(sx,sy))
          printf("Good\n");
        else
          printf("My God\n");
    }
    return 0;
}
int dfs(int x,int y) //深搜部分,里面搜索每个方向之前加了一天判断,即题目中的描述
{
    can[x][y]=1;
    if (map[x][y]==5||map[x][y]==0) /*map[x][y]值为5时,说明我们碰到西红柿,否则就是出界! */
        return map[x][y];
    if (map[x][y]==1&&!can[x-1][y])
        return dfs(x-1,y);
    if (map[x][y]==2&&!can[x+1][y])
        return dfs(x+1,y);
    if (map[x][y]==3&&!can[x][y+1])
        return dfs(x,y+1);
    if (map[x][y]==4&&!can[x][y-1])
        return dfs(x,y-1);
    return 0; /*如果四个方向都无法进行搜索,这是还没有碰到西红柿,我们应该返回值为0*/
}
```

2204　连连跳

问题描述

Xiaoz 很贪玩,总是找些小游戏玩.今天他看到了一个新的游戏——连连跳.游戏是在一个由 $n \times m$ 个单元格组成的矩形里进行.每个方格里有一个正整数 x,表示从该方格向上、下、左或右跳 $y(1 \leq y \leq y)$ 长的距离到达一个新的方格.游戏开始时,Xiaoz 在矩形的左上角 $(1,1)$,他要跳到矩形的右下角 (n,m).当然,到达目的地 Xiaoz 的跳动次数越少,说明他越聪明.Xiaoz 可不想别人说他笨,所以他希望每次跳最少的次数到达目的地.Xiaoz 该如何选择跳的策略呢?

☞输入

每组测试先给出 2 个正整数 $n,m(2 \leq n,m \leq 100)$.接着有 n 行,每行有 m 个正整数.当 $n=m=0$ 时,输入结束.

☞输出

每组测试输出 Xiaoz 最少需要跳几步才到达目的地.接着输出他依次经过了哪些单元.每个单元输出占一行.

☞样例输入

```
3 3
1 1 1
1 1 1
4 1 1
3 3
1 1 1
1 1 1
1 1 1
0 0
```

☞样例输出

```
3
1 1
2 1
3 1
3 3
```

4
1 1
1 2
2 2
2 3
3 3

思路引导

(1) 解决这个问题最好不要用广度搜索,同学们想一想这是为什么?
(2) 应该怎样设置方向数组来优化广度搜索代码?
(3) 题目中还要求输出路径,那么在广度搜索时应该多记录一个什么值?

解题报告

这道题目的基本思想就是简单的广度搜索,但是不仅要把题目做出来,还要优化自己的代码. 在广度搜索当中,优化代码的方法最普遍的就是设置一个方向数组,但是这道题目中向四个方向扩展的步数不是一定的,而是由每一个单元格的数字决定的. 在这里用了以前没用过的一种方法,就是把方向数组中的值当成系数,去乘单元格中的数字,然后加到相应的坐标上.

Step1:设置一个方向数组 $zan[4][2] = \{0, 1, 1, 0, 0, -1, -1, 0\}$.

Step2:比如,各自中的数字是 5,我们所在坐标是 (15, 23),那么扩展的第三步就是 $(15 + 5 \times 0, 23 + 5 \times (-1))$.

Step3:接下来只需要像以往广搜一样做就行了,就是判断扩展出来的这步是否能加入到广度搜索队列里面.

题目中的让我们最后输出路径,只需要在广度搜索的结构体中加入一个 pre 的值,表示是之前那一节点扩展出此节点. 当找到终点时,只需要根据 pre 的值倒着找回去.

```
#include <iostream>
using namespace std;
typedef struct
{
    int x,y,step,pre; //在这里加了一个 pre,它的作用在解题报告里面已说明
} queue_type;
queue_type queue[20050];
int map[205][205];
```

```c
int can[205][205];
int zan[4][2] = {0,1,1,0,-1,0,0,-1};   //用做代码优化的方向数组
int way[20050][2];
int main()
{
    int t1,t2,t,w,n,m,t3,t4;
    bool neng;
    while(scanf("%d%d",&n,&m))
    {
        if(n==0&&m==0)
            break;
        memset(map,0,sizeof(map));
        memset(can,0,sizeof(can));
        for(int i=1;i<=n;i++)
            for(int j=1;j<=m;j++)
                scanf("%d",&map[i][j]);
        neng = true;
        t = w = 1;
        queue[t].x = 1;
        queue[t].y = 1;
        queue[t].step = 0;
        queue[t].pre = 0;
        can[1][1] = 1;
        while(!can[n][m])
        {
            t1 = queue[t].x;
            t2 = queue[t].y;
            for(int i=0;i<4&&neng;i++)     //广搜的灵魂部分从36行到53行
                for(int j=1;j<=map[t1][t2]&&neng;j++)
                {
                    t3 = t1 + zan[i][0]*j;
                    t4 = t2 + zan[i][1]*j;
                    if(t3>n||t4>m)   //这里是一个优化,防止格子里面的数字太大
                        break;
```

```
            if (t3>0&&t3≤n&&t4>0&&t4≤m&&!can[t3][t4])
            {
                w++;
                can[t3][t4]=1;
                queue[w].x=t3;
                queue[w].y=t4;
                queue[w].step=queue[t].step+1;
                queue[w].pre=t;
            }
            if (t3==n&&t4==m)
                neng=false;
        }
        t++;
    }
    printf("%d\n",queue[w].step);
    t1=0;
    while (w) //把路径提取出来
    {
        way[++t1][0]=queue[w].x;
        way[t1][1]=queue[w].y;
        w=queue[w].pre;
    }
    for (int i=t1;i>=1;i--) //输出路径
        printf("%d %d\n",way[i][0],way[i][1]);
}
return 0;
}
```

2205 New Game

问题描述

大家都玩过连连看吧！今天我们玩一个类似的游戏.在一个由 10×10 个小方格组成的矩形里有 n($n \leq 10$)对字符(它们是大写字符中的前 n 个).矩形里有些位置是可以从上面走

过,有些则不能.能走过的位置用".",标识,不能的用"#"标识.如果两个相同字符是连通的(从一个字符能走到另一个字符,注意走的时候只能向上、下、左、右走.某个位置是有其他字符时,这个位置是不能走的),那么这对字符能够进行配对.如果将这对字符配对,这对字符将从这个矩形里消除,也就是说,这两个字符所在的位置对于其他字符而言变成能走动了.现在的问题是:请你决定这些字符的配对顺序(只有能配对才能进行配对),使得 n 对字符最后都配对成功.

☞ 输入

先给出一个正整数 $t(t \leqslant 10)$,表示有 t 组测试数据.

每组测试数据由 10 行组成,每行有 10 个字符.这些字符只能是".","#",或者是大写字符中的前 n 个.每组测试数据中不超过 10 对字符.

☞ 输出

如果能够使每组测试数据中的 n 对字符配对成功,则输出配对的顺序.如果有多种配对成功的顺序,则输出字典序最小的那组.

否则输出"My God!".

☞ 样例输入

```
2
ABF.......
CE........
D.........
..........
..........
..........
.........D
........EC
.......FBA
ABF.......
CE........
D.........
..........
..........
.........#
```

```
........#D
.........#
........EC
........FBA
```

☞样例输出

DCABEF

My God!

思路引导

(1) 选择用何种方法快速地找到两个匹配的字符?
(2) 怎样保证输出的字典序最小?

解题报告

先来回答思路引导中的第二个问题,只要保证找到的第一个能够匹配的字符尽可能小,然后再保证第二个能匹配的字符尽可能小,知道所有字符都匹配完全,后者再也找不到能匹配的字符了,这就找到了字典序最小的答案! 这种做法其实是一个脑筋急转弯,请同学们想想. 解决了这个问题,再来解决第一个问题,深度搜索可能会访问重复的点,但是广度搜索不会,所以这道题目选择用广度搜索来找到能匹配的两个点,最多只需要加入 100 个点就能得出答案了,因为题目中的格子是 10×10 的. 有了这两个思路,代码即可实现. 这道题目的代码量比较大,有助于帮同学们练习编码能力.

```
#include <iostream>
using namespace std;
typedef struct
{
    int x,y;
} queue_type;
int ex,ey,sx,sy,n,m,t,w,t1,t2,t3,t4,tcase;
queue_type queue[500];
int zan[4][2] = {1,0,0,1,-1,0,0,-1};
int can[15][15];
char map[15][15];
int bfs(int x,int y);
int main()
{
```

```c
scanf("%d",&tcase);
getchar();
bool neng,neng1;
char ans[15];
int many;
while(tcase--)
{
    for(int i=0;i<10;i++)
        scanf("%s",map[i]);
    many=0;
    neng=false;
    while(!neng)    /*第26行到44行就是把成功配对的字母提取出来,并且把相应位置变为"."*/
    {
        int i;
        neng=true;
        for(i=0;i<=25&&neng;i++)
        {
            neng1=true;
            for(int j=0;j<10&&neng1;j++)
                for(int k=0;k<10&&neng1;k++)
                    if(map[j][k]==i+65)
                        if(bfs(j,k))
                            neng=neng1=false;
                        else
                            neng1=false;
        }
        if(!neng)
            ans[++many]=i-1;
    }
    for(int i=0;i<10&&neng;i++)
        for(int j=0;j<10&&neng;j++)
            if(map[i][j]!='.'&&map[i][j]!='#')
```

```
                    neng = false;
            if ( ! neng)
                printf("My God! \n");
            else
            {
                for ( int i = 1;i≤many;i + + )
                    printf("%c",ans[i] + 65);
                printf("\n");
            }
        }
        return 0;
}
int bfs(int x,int y) //用广搜来判断map[x][y]处的字母在地图中是否能成功匹配
{
        memset(can,0,sizeof(can));
        bool neng;
        t = w = 1;
        queue[t].x = x;
        queue[t].y = y;
        can[x][y] = 1;
        neng = true;
        while ( t≤w&&neng)
        {
            t1 = queue[t].x;
            t2 = queue[t].y;
            for ( int i = 0;i < 4;i + + )
            {
                t3 = t1 + zan[i][0];
                t4 = t2 + zan[i][1];
                if
(t3 < 10&&t3 > = 0&&t4 < 10&&t4 > = 0&&! can[t3][t4]&&(map[t3][t4] = = '.'||map[t3][t4] = =
map[x][y]))
                {
                    can[t3][t4] = 1;
```

```
            queue[++w].x = t3;
            queue[w].y = t4;
            if (map[t3][t4] == map[x][y])
            {
                map[t3][t4] = '.';
                map[x][y] = '.';
                neng = false;
                break;
            }
        }
    }
    t++;
}
if (neng)
    return 0;
else
    return 1;
}
```

2206 无脑总统的火星国

问题描述

火星上有这样一个国家,国家总统的名字叫无脑总统(你瞧这名字起的),他对这个国家的省份的划分是很奇特的,那个无脑总统按省与省之间是否有公路来划分的.现在给出了一些城市的信息,即这个国家城市的个数以及城市之间的联系,也就是哪个城市与哪个城市之间有公路连接.无脑总统很笨,所以聘请你来帮他算一下应划分成多少个省份?

输入

有多组测试数据.每组测试数据的第一行有一个正整数 $N(N \leq 100)$,说明这个国家有 N 个城市.编号分别为 $1,2,\cdots,N$,接下来有 N 行.每行开始有一个正整数 M,说明第 i 个城市与其他 M 个城市相连,接下来在同一行输入 M 个数,代表与这个城市相连的城市编号.

输出

请求出这个国家应该划分成多少个省份.

☞ **样例输入**
　　4
　　1 2
　　2 3 4
　　1 2
　　1 2

☞ **样例输出**
　　1

思路引导

相信同学们通过前几道题目的训练，能轻易地想到这道题目用深度搜索，那么怎么建图是个关键.

解题报告

建图时，把城市与城市的关系简称一个二维表，map[i][j]为1时，表示城市 i 和城市 j 之间有道路，很简单的，此时 map[j][i]的值也应该是1! 地图建好了，此时就需要采用深度搜索，把城市划分好. 具体实现看程序.

```
#include <iostream>
using namespace std;
int map[105][105];
int n,m,many,t;
bool can[105];
int dfs(int x);
int main()
{
    while (scanf("%d",&n)!=EOF)
    {
        many=0;
        memset(can,0,sizeof(can));
        memset(map,0,sizeof(map));
        for (int i=1;i≤n;i++)
        {
            scanf("%d",&m);
            for (int j=1;j≤m;j++) //建图
            {
```

```
            scanf("%d",&t);
            map[i][t] = 1;
            map[t][i] = 1;
          }
      }
    for (int i = 1;i≤n;i + +)
      if (! can[i])
        many + = dfs(i);  //总城市数 +1
    printf("%d\n",many);
  }
  return 0;
}
int dfs(int x) //选择深搜来把与 x 城市相连的城市归为一个城市
{
  can[x] = 1;
  for (int i = 1;i≤n;i + +)
    if (map[x][i]&&! can[i])
      dfs(i);
  return 1;
}
```

2207 好运一日游

问题描述

好运的你中大奖了,可以得到去游乐园免费游玩的机会. 现在给你这个游乐园的地图,它是用一个一个的格子表示的. 你发现这个游乐园是如此的美妙以至于地图上的每个格子不是人工湖就是一个景点,也可以从一个格子走向与它相邻的八个方向的不是人工湖的格子,你可以从任意一个格子开始游玩,但是很快你就得到了一个坏消息:这个游乐园的小游艇因为使用了劣质的汽油全部都坏掉了,可是你仍然希望知道自己是否能够游览所有景点.

☞ 输入

输入第一行有一个整数 t 代表有几组测试数据,每组测试数据第一行有三个整数:x,y 代表这个世界的大小($1≤x,y≤10$);n 代表景点的格子数. 接着有 n 行,每行包括两个整数,代表景点的格子的坐标(左上角为(1,1)).

☞ 输出

能否游览所有景点,若能,则输出"yes",否则输出"no",每组输出占一行。

☞ 样例输入

1
3 8 1
1 3

☞ 样例输出

yes

思路引导

使用深度搜索,当深度搜索变成一个函数时,想一想可以实现什么.

解题报告

把深度搜索当成一个函数,这个函数的作用就是返回与景点(x,y)相连的全部景点的个数,这样只需要知道题目中给的一个经典,然后把这个信息放入深度搜索函数里,如果深度搜索函数返回的值与总经典个数相等,则说明可以浏览全部景点.

```
#include <iostream>
using namespace std;
int map[15][15];
bool can[15][15];
int zan[8][2]={0,1,1,0,-1,0,0,-1,1,1,1,-1,-1,1,-1,-1};/*广搜当中的方向数组,在这里也是用来简化代码的*/
int n,m,t,tcase;
int dfs(int x,int y);
int main()
{
    int x,y;
    scanf("%d",&tcase);
    while(tcase--)
    {
        memset(map,0,sizeof(map));
        memset(can,0,sizeof(can));
        scanf("%d%d%d",&n,&m,&t);
        for(int i=1;i≤t;i++)
        {
```

```
            scanf("%d%d",&x,&y);
            map[x][y] = 1;
        }
        if (dfs(x,y) == t)
            printf("yes\n");
        else
            printf("no\n");
    }
    return 0;
}
int dfs(int x,int y)/*找到与经典坐标为(x,y)的点相连的景点一共有多少个,用深搜去实现*/
{
    int t1,t2,many;
    can[x][y] = 1;
    many = 1;
    for (int i = 0;i < 8;i++)
    {
        t1 = x + zan[i][0];
        t2 = y + zan[i][1];
        if (t1≤n&&t1>0&&t2≤m&&t2>0&&!can[t1][t2]&&map[t1][t2])
            many += dfs(t1,t2);
    }
    return many;
}
```

2208　八数码问题

问题描述

所谓八数码问题,就是在一个 3×3 的矩阵中,放着 1~8 以及一个 x,这样的九个字符,通过移动 x,最后使的矩阵变成如下图的状态:

1	2	3
4	5	6
7	8	x

问题就是给你一中状态,问你通过移动中间的 x 是否能到达上图的状态,如果能,则输出 x 所走的路径;如果不能,就输出"unsolvable".

☞ **输入**

输入包括多组测试数据,每组输入占一行,每行 9 个字符,表示矩阵中从左到右、从上到下的方格里的信息.

输入到文件结束.

☞ **输出**

对于每组数据,输出一行,表示 x 所经过的路径.

u:上　　d:下　　l:左　　r:右

☞ **样例输入**

2 3 4 1 5 x 7 6 8

☞ **样例输出**

ullddrurdllurdruldr

思路引导

(1)这道题目需要同学们具备良好的编程功底和对深度搜索、广度搜索性质的全面掌握.

(2)请同学们思考广度搜索时节点的扩展是呈什么方式增长的?

解题报告

先来回答思路引导中的第二问.广度搜索时节点的扩展是呈现指数级别增长的,也就是说,进行广度搜索时步数越多,扩展出来的无用节点就越多,那么相应的程序的效率就越低!但是这道题目依然选用广度搜索!这道题不是简单的广度搜索,而是双向广度搜索,即要知道初始状态和终止状态,那么建立两个队列,一个从前往后搜,一个从后往前搜,直到两者相遇为止.明确思路以后,就是代码实现的问题了,其中还有许多小技巧,同学们可以到程序里面去看.

```
#include <iostream>
#include <map>
using namespace std;
typedef struct
{
    int x,w; char s;
} aaa;
```

```
aaa dui[500000],du[500000];//两个队列
char www[500000];//答案数组
int main()
{
    int fang[4][2]={1,0,-1,0,0,1,0,-1};//方向数组
    int jin[9]={100000000,10000000,1000000,100000,10000,1000,100,10,1};
    map<int,int> a;
    char w[3][3];
    for(int i=0;i<3;i++)
        for(int j=0;j<3;j++)
            cin>>w[i][j];
    int many,ji,ji1,zan,zan2,x,y,tt,ww,ta,wa,q;
    many=0;
    char w2[9];
    for(int i=0;i<3;i++)
        for(int j=0;j<3;j++)
            w2[many++]=w[i][j];
    many=0;
    for(int i=0;i<9;i++)
        for(int j=0;j<i;j++)
            if((w2[i]-'0')<(w2[j]-'0')&&w2[i]!='x'&&w2[j]!='x')
                many+=1;
    if(many%2==0)
    {
        int e,s;
        s=0;
        for(int i=0;i<3;i++)
            for(int j=0;j<3;j++)
            {
                if(w[i][j]!='x')
                    s=s*10+(w[i][j]-'0');
                else
                    s=s*10+9;
            }
```

```
tt = ww = ta = wa = 1;
dui[ww].w = s;
du[wa].w = e;
a[s] = 1;
e = 123456789;
a[e] = 2;
bool neng = false;
if (s = = e)
    neng = true;
while (!neng)
{
    ji = 0;
    ji1 = 0;
    for (int i = 0; i < 9; i + +)  //提取正着搜时 x 所在的位置
        if (((dui[tt].w/jin[i])%10 = = 9)
        {
            ji = i;
            break;
        }
    for (int i = 0; i < 9; i + +)  //提取反着搜时 x 所在的位置
        if (((du[ta].w/jin[i])%10 = = 9)
        {
            ji1 = i;
            break;
        }
    for (int i = 0; i < 4; i + +)
    {
        x = ji/3;
        y = ji%3;
        if (x + fang[i][0] < 3&&x + fang[i][0] > = 0
            &&y + fang[i][1] < 3&&y + fang[i][1] > = 0&&neng = = false)  /*正着搜的部分*/
        {
            s = dui[tt].w;
            zan = s/jin[ji];
```

第 2 章　图论及搜索

```
            zan2 = s/jin[(x+fang[i][0])*3+(y+fang[i][1])];
            zan = zan%10;
            zan2 = zan2%10;
            s = s - zan*jin[ji] - zan2*jin[(x+fang[i][0])*3+(y+fang[i][1])];
            s = s + zan2*jin[ji] + zan*jin[(x+fang[i][0])*3+(y+fang[i][1])];
            if (a[s]!=1)
            {
                if (a[s]==2)  //判断是否首尾相接
                    neng = true;
                a[s] = 1;
                ww += 1;
                dui[ww].w = s;
                dui[ww].x = tt;
                if (i==0)
                    dui[ww].s = 'd';
                if (i==1)
                    dui[ww].s = 'u';
                if (i==2)
                    dui[ww].s = 'r';
                if (i==3)
                    dui[ww].s = 'l';
            }
        }
        x = ji1/3;
        y = ji1%3;
        if (x+fang[i][0]<3&&x+fang[i][0]>=0
            &&y+fang[i][1]<3&&y+fang[i][1]>=0&&neng==false)  /*反着搜的部分*/
        {
            s = du[ta].w;
            zan = s/jin[ji1];
            zan2 = s/jin[(x+fang[i][0])*3+(y+fang[i][1])];
            zan = zan%10;
            zan2 = zan2%10;
            s = s - zan*jin[ji1] - zan2*jin[(x+fang[i][0])*3+(y+fang[i][1])];
```

```
            s = s + zan2 * jin[ ji1 ] + zan * jin[ ( x + fang[ i ][ 0 ] ) * 3 + ( y + fang[ i ][ 1 ] ) ];
            if ( a[ s ] = = 0 )
            {
                a[ s ] = 2;
                wa + = 1;
                du[ wa ].w = s;
                du[ wa ].x = ta;
                if ( i = = 0 )
                    du[ wa ].s = 'u';
                if ( i = = 1 )
                    du[ wa ].s = 'd';
                if ( i = = 2 )
                    du[ wa ].s = 'l';
                if ( i = = 3 )
                    du[ wa ].s = 'r';
            }
        }
        ta + = 1;
        tt + = 1;
    }
    ji = 0; q = ww;
    while ( q ! = 1 ) //提取路径1
    {
        ji + = 1;
        www[ ji ] = dui[ q ].s;
        q = dui[ q ].x;
    }
    for ( int i = ji; i > = 1; i - - )
        printf( "%c", www[ i ] );
    ji = 0;
    q = 1;
    while ( du[ q ].w ! = dui[ ww ].w )
        q + +;
```

```
        while (q! =1) //提取路径2
        {
            ji + =1;
            www[ji] =du[q].s;
            q =du[q].x;
        }
        for (int i =1;i≤ji;i + + )
            printf("%c",www[i]);
        printf("\n");
    }
    else
        printf("unsolvable\n");
    return 0;
}
```

2209 基因重组

题目描述

基因工程的研究人员,试图对已有的基因进行重组以得到新的基因. 某基因科研小组已确定对已有基因序列实施如下两种操作:

(1) 交换前两个基因;

(2) 将第一个基因移动到最后一个位置.

现在给出初始基因和目标基因,试通过以上两种操作,给出重组的最少操作步数.

☞输入

先给出基因的序列的长度 $N(1 \leq N \leq 12)$,然后是初始基因和目标基因序列. 基因序列均为 A,T,C,G 的多重排列,各个字母在初始基因和目标基因中出现的频数相同.

输入以 N =0 结束.

☞输出

最少的操作步数.

☞样例输入

4
ATTC

TTAC
5
AACTG
GATAC

☞**样例输出**

5
9

思路导引

(1) 这是一道已知初始和目标状态,求从初始状态到目标状态的搜索题. 一种很自然的想法是进行广搜,逐层扩展节点,直至到达目标状态.

(2) 在扩展节点时需要状态判重,可以采用 hash 函数,但 hash 怎么实现?

解题报告

hash 函数的设计:

(1) 将基因序列转化为对应的 4 进制数,由于基因长度最大为 12,则所有可能的 hash 值为 16 777 216,若开个布尔数组,则会有很大的空间开销,程序也会变得很慢!

(2) 但观察到对给定的长度 N,实际上所有的状态都是多重集合 $\{A*\infty, T*\infty, C*\infty, G*\infty\}$ 的长度为 N 的排列,这样一来排列总数最多为 $\frac{12!}{3! \times 3! \times 3! \times 3!} = 369\,000$ 个,状态总数大大减少. 我们可以采用序数法得到一个排列在全排列中的序数,即通过枚举所有比它小的排列的个数进行累加,具体实现见程序中的 hash.

通过将多重集合的排列映射为全排列中的序数可以高效地设计出 hash 函数. 通过广度优先搜索得到问题的解.

```
/* * *
 * gene.cc
 */
#include <stdio.h>
#include <string.h>
#include <algorithm>
using namespace std;

const int maxn = 369000;//最大状态总数
const int maxlen = 12; //最大长度
```

```cpp
int n;  //基因长度
int total; //所有可能的状态总数
int queue[maxn+1];
bool visit[maxn+1];
int cnt[4];//统计各个核酸的出现频数
int todigit(char ch) { //将字符映射为 0~3 的整数
    switch(ch) {
    case 'A':return 0;
    case 'T':return 1;
    case 'C':return 2;
    case 'G':return 3;
    }
}

int encode(int a[]) { //将整数数组编码为 4 进制整数
    int ret = 0;
    for (int i = 0; i < n; ++i)
        ret = ret * 4 + a[i];
    return ret;
}

void decode(int re, int a[]) { //将 4 进制整数解码为整数数组
    for (int i = n - 1; i >= 0; --i) {
        a[i] = re % 4;
        re /= 4;
    }
}

int hash(int a[]) { //将整数数组 hash 为,排列总数中的一个数
    int rank = 0;
    int sum = total;
    int c[4];
    memcpy(c, cnt, sizeof(cnt));
    for (int i = 0; i < n; ++i) {
```

```c
        for (int j = 0; j < a[i]; ++j) /*对所有比a[i]小的数,求其可能形成的所有排列*/
            if (c[j]) {
                rank += sum * c[j] / (n - i);
            }
        sum = sum * c[a[i]] / (n - i);//当前位置为a[i],剩余位置的排列数
        --c[a[i]];//当前位置为a[i],a[i]对应的频数减1
    }
    return rank;
}

int main()
{
    int current[maxlen+1]; //当前状态
    int target[maxlen+1];  //目标状态
    int curcode;   //当前状态编码
    int targcode;  //目标状态编码
    char str[maxlen+1];
    while (scanf("%d", &n) == 1 && n) {
        scanf("%s", str);
        total = 1; //求所有可能的排列数
        memset(cnt, 0, sizeof(cnt));
        for (int i = 0; i < n; ++i) {
            current[i] = todigit(str[i]);
            cnt[current[i]]++;//统计各个核酸的出现频数
            total *= (i + 1);
        }
        for (int i = 0; i < 4; ++i)
            for (int j = 1; j <= cnt[i]; ++j) {
                total /= j;
            }
        scanf("%s", str);
        for (int i = 0; i < n; ++i)
            target[i] = todigit(str[i]);
        curcode = encode(current);
```

```c
targcode = encode(target);
memset(visit, 0, sizeof(visit));
int head = 0, tail = 0, step;
bool end = 0; //结束标志
queue[tail++] = curcode; //初始状态入队
visit[hash(current)] = 1;
for (step = 0; head < tail && !end; ++step) {
    int tmp;
    //搜索当前层
    for (int size = tail - head; size; --size, ++head) {
        if (queue[head] == targcode) { //到达目标状态
            printf("%d\n", step);
            end = 1;
            break;
        }
        for (int i = 0; i < 2; ++i) { //两种操作,进行扩展
            decode(queue[head], current);
            if (i == 0) {
                swap(current[0], current[1]);
            } else {
                tmp = current[0];
                for (int k = 1; k < n; ++k)
                    current[k-1] = current[k];
                current[n-1] = tmp;
            }
            tmp = hash(current);
            if (!visit[tmp]) { //未曾入队,则加入队列
                queue[tail++] = encode(current);
                visit[tmp] = 1;
            }
        }
    }
} //printf("over\n");
}
```

```
        return 0;
}
```

2210　人员调度

题目描述

一家工厂接到了一份订单,订单中共有 n 项任务,每项任务给出起始时间和结束时间.每项任务需要交付给一个工人来做,一个工人在某一时刻只能做一项任务.现在试确定完成 n 项任务的最少工人数 m,以及在得到 m 的条件下,试使这 m 个工人工作时间的方差最小.

输入

先是正整数 $1 \leqslant T \leqslant 20$,表示有 T 组输入.每组输入以正整数 n 开始,表示有 n 个任务.接着有 n 行,给出每项任务的起始和结束时间.格式为 hh:mm(小时:分钟).

输出

最少的工人数目 m 和这 m 个工人工作时间方差的最小值,精确到小数点后两位.

样例输入

```
1
5
00:00 00:00
15:13 15:58
03:38 04:42
03:15 13:56
13:03 21:50
```

样例输出

```
2    47.50
```

思路导引

(1)这是一道人员调度问题,并确定员工工作时间的方差最少.
(2)对于计算最少的工作人员数量,可以用经典的贪心算法.
(3)由于要使所有员工工作的时间方差最少,设 w_i 为第 i 个员工的工作时间,则我们的目标就是使 $\sqrt{\dfrac{\sum_{i=1}^{m}(w_i - \overline{w})^2}{m}}$ 的值最小,进一步化简得到 $\sqrt{\dfrac{w_1^2 + w_2^2 + \cdots + w_m^2}{m} - \overline{w}^2}$,因为 $\overline{w}^2$ 为定

值,故只需求 $w_1^2 + w_2^2 + w_3^2 + \cdots + w_m^2$ 的值最小。

解题报告

深度优先搜索使 m 个人分别去完成第 i 项任务。时间的复杂度为 $O(m^d)$,其中 d 为深搜的深度。考虑已经搜索到第 p 项任务,此时每个人已经工作的时间为 w'_i,设 $\partial = \sum_{i=1}^{m} w'^2_i$,等到全部任务完成后,$\partial = \sum_{i=1}^{m}(w'_i + \nabla)^2$,由 $(a+b)^2 \geq a^2 + b^2$ 知,可以用 $\sum_{j=i}^{m} w'^2_j$ 作为从第 i 项任务至最后一项任务所需时间的下界估计值。

贪心求最少的人员数。在既得的人数下,进行深度优先搜索,并用下界估计值来减枝优化。

```cpp
/* * *
 * sched.cc
 */
#include <stdio.h>
#include <string.h>
#include <math.h>
#include <algorithm>
using    namespace std;

const int maxn = 23;       //任务的最大数量
const int inf  = 0x7fffffff;  //定义一个足够大的长整数

struct task{
    int begin;   //任务的开始时间
    int end;     //任务的结束时间
    int cost;    //任务花费的总时间
} tasklist[maxn];
int ans;              //输出结果
int n, m;             //任务数和人员数
int work[maxn];       //第 i 个人的工作时间
int right[maxn];      //第 i 个人做完最后一项工作后的时间
int bound[maxn];      //从第 i 个任务直到最后的任务,时间和的下界

int inline convert(int a, int b) { //将输入时间转化为整数
```

```
        return a * 60 + b;
}

int inline sq(int n) {
    return n * n;
}
void dfs(int p, int q) { //做到第p项任务,已经用了q小时
    if (p == n) { //完成了所有任务
        if (q < ans) //得到了一个更优解
            ans = q;
        return;
    }
    if (q + bound[p] >= ans) //估计时间下界大于现有的解,则减枝优化
        return;
    for (int i = 0; i < m; ++i) { //枚举所有的工人来做第p项任务
        if (right[i] < tasklist[p].end) { //可以做的条件
            int tmp[2] = {work[i], right[i]};
            work[i] += tasklist[p].cost;
            right[i] = tasklist[p].end;
            dfs(p + 1, q - sq(tmp[0]) + sq(work[i])); //深搜
            work[i] = tmp[0]; //回溯
            right[i] = tmp[1];
            if (right[i] == -1)
                break;
        }
    }
}

bool cmp(const task& a, const task& b) {
    if (a.begin != b.begin) //开始时间优先
        return a.begin < b.begin;
    return a.end < b.end; //开始时间相同,看结束时间
}
```

```c
int main()
{
    int T;
    int total;
    scanf("%d", &T);
    while (T--) {
        scanf("%d", &n);
        total = 0; //做完所有任务所用到的总时间
        for (int i = 0, a, b; i < n; ++i) {
            scanf("%02d:%02d", &a, &b);
            tasklist[i].begin = convert(a, b);
            scanf("%02d:%02d", &a, &b);
            tasklist[i].end = convert(a, b);
            tasklist[i].cost = tasklist[i].end - tasklist[i].begin;
            total += tasklist[i].cost;
        }
        sort(tasklist, tasklist + n, cmp);
        //贪心法的到最少的人员数量
        m = 0;
        for (int i = 0; i < n; ++i) {
            int j;
            for (j = 0; j < m; ++j)
                if (right[j] < tasklist[i].begin)
                    break;
            right[j] = tasklist[i].end;
            if (j == m)
                ++m;
        }
        //递推得到完成从第 i 项任务到最后的总任务所用的时间下界
        bound[n] = 0;
        for (int i = n - 1; i >= 0; --i) {
            bound[i] = sq(tasklist[i].cost) + bound[i+1];
        }
        memset(right, -1, sizeof(right));
```

```
            memset(work, 0, sizeof(work));
            ans = inf;
            dfs(0, 0);
            printf("%d %.2lf\n", m, sqrt(ans * 1.0 / m - total * total * 1.0 / (m * m)));
        }
        return 0;
}
/*
*
5
00:00 00:00
15:13 15:58
03:38 04:42
03:15 13:56
13:03 21:50
*/
```

第3章 动态规划基础与提高

3.1 贪心

3101 千年虫引发的麻烦

问题描述

Accounting for Computer Machinists（ACM）的电脑管理系统受到了千年虫病毒的攻击，ACM因此丢失了向MS公司作年终汇报的数据。

ACM目前掌握的数据是MS公司每次公布的公司盈亏报表，而MS公司公布盈亏的方式与众不同，它每次都是将连续5个月的盈或亏得总和做一次性的公布，因此，ACM不知道每个月具体的盈亏状况。已知的情况是所有盈利月盈利固定为s，而亏损月亏损固定为d.

写一个程序，确定MS公司是否盈利，若盈利，那么可能的盈利最大值是多少？

输入为两个正整数s和d.

对于每一组的输入数据，若盈利，那么输出可能的盈利最大值是多少；若亏损，则输出"Deficit"。

样例输入

59 237
375 743
200000 849694
2500000 8000000

样例输出

116
28
300612
Deficit

思路引导

(1) 为了使全年的盈利最多,反向思考就是使亏损的月份最少.

(2) 问题的关键在于每个连续的 5 个月都是亏损的,可以考虑如何通过计算连续 5 个月的盈亏情况来解决 12 个月的盈亏情况.

(3) 除了用贪心算法解题外,还可以用枚举法;每个月出现的只有亏损与盈利两种情况,总共有 12 个月,枚举 2^{12} 次就可以计算出最终结果.

解题报告

首先每个连续 5 个月的至少需有几个月是亏损的,是可以计算出来的.

用贪心的思想可以解决如何安排亏损月份的问题;假设 5 个月至少亏损 3 个月,那么对前 5 个月来说,亏损的月份必定是 3,4,5 月,这样才能保证这 3 个亏损月能最大可能地被后面的连续的 5 个月利用,以减少出现更多的亏损月.

用贪心思想合理地安排 12 个月的亏损盈利情况,即可解题.

解题步骤如下:

Step1:计算出连续的 5 个月至少需有几个月是亏损.

Step2:根据贪心的思想计算全年的盈亏;注意当至少亏损月份为 4 个月和 5 个月时予以特殊的考虑,其余的情况用通用的公式计算的盈亏.

```
#include <iostream>
using namespace std;
int main()
{
    int s,d;
    while(scanf("%d%d",&s,&d)!=EOF)
    {
        int i,ans;
        for(i=1;i≤5;i++)
            if(s*(5-i)-d*i<0)
                break; //枚举出5个月中至少有i个亏损月
        if(i==4)
            ans=3*s-9*d;
        else
            ans=s*(12-2*i)-d*2*i; /*i==5时此公式不适用,但可直接判断全年亏损*/
        if(i==5||ans<0) //"i==5"这个判断条件必须放在"ans<0"前
```

```
        printf("Deficit\n");
    else
        printf("%d\n",ans);
    }
}
```

3102 Journey with Pigs

问题描述

约翰在 A 镇有一个农场,他想去拜访住在 B 镇的朋友.

在拜访的途中约翰将路过 n 个小村庄,他打算在旅途中带 n 只猪,并将这 n 只猪出售到 n 个村庄,且保证每个村庄都只买到一只猪,这样他也可以赚到一些钱.

每个村庄的猪肉价是不同的,第 j 个村庄的人最高只愿意出 P_j 的单价购买一斤猪肉. 而从 A 镇到第 j 个村庄的距离为 D_j(可以假设 A 镇到 B 镇的道路为一条直线).

每只猪的质量是不同的. 对于一斤猪肉每运输一千米都需要的花费 t 元.

请帮助约翰决定每只猪该出售到哪一个村庄才能保证赚到最多的钱.

输入

第一行输入整数 $n(1 \leq n \leq 1\,000)$ 和 $t(1 \leq t \leq 10^9)$. 第二行输入 n 个整数 $W_i(1 \leq W_i \leq 10^9)$——每只猪的编号. 第三行输入 n 个数 $D_j(1 \leq d_j \leq 10^9)$——第 j 个村庄到 A 镇的距离. 第四行输入 n 个整数 $P_j(1 \leq p_j \leq 10^9)$——每斤猪肉在第 j 个村庄的单价.

输出

输出 n 个数,第 j 个数表示出售到第 j 个村庄的猪的编号. 每只猪的编号即按输入时的编号安排,编号从 1 开始.

样例输入

3 1
10 20 15
10 20 30
50 70 60

样例输出

3 2 1

思路引导

(1)假若单独考虑每斤猪肉的销售情况,是否可以找到解题的模型.
(2)两列数中每个数相互相乘所有积的和有什么规率(运用贪心思想考虑)?

解题报告

问题中每斤猪肉被出售到第 j 个村庄的利润为:猪肉单价 - 路费单价 × 路程;两列数中每个数相互相乘所有积的和有这样的规律:逆序积的和 ≤ 乱序积的和 ≤ 顺序积的和(这是一种贪心的思想).

具体解题步骤如下:

Step1:根据输入计算每斤猪肉被出售到第 j 个村庄的利润(猪肉单价 - 路费单价 × 路程).

Step2:将每斤猪肉出售到第 j 个村庄的利润与每只猪的质量进行从小到大的排序,则对应位置的猪将出售到对应位置编号的村庄.

```
#include <iostream>
#include <stdlib.h>
#define LL long long
using namespace std;
typedef struct
{
        LL value;
        int postion;
}Node;
Node weight[1005],earn[1005];      //weight 存储每只猪的质量及编号,eam 存储
int cmp(const void *a,const void *b)//每斤猪肉出售到每个村庄的利润及村庄编号
{
        Node *aa = (Node *)a;
        Node *bb = (Node *)b;
        if(aa->value > bb->value) return 1;
        return -1;
}
int main()
{
        int i,j,n;
        LL t;
```

```
        while(scanf("%d%lld",&n,&t)!=EOF)
        {
            for(i=1;i<=n;i++)
            {
                scanf("%lld",&weight[i].value);
                weight[i].postion=i;
            }
            LL dis[1005];
            for(i=1;i<=n;i++)
                scanf("%lld",&dis[i]);
            for(i=1;i<=n;i++)
            {
                LL x;
                scanf("%lld",&x);
                earn[i].value=x-dis[i]*t;/*计算每斤猪肉出售到第i个村庄的利润并存储*/
                earn[i].postion=i;
            }
            qsort(weight+1,n,sizeof(weight[0]),cmp);
            qsort(earn+1,n,sizeof(earn[0]),cmp);
            int ans[1005];
            for(i=1;i<=n;i++) //第weight[i].postion猪将出售到第earn[i].postion个村庄
                ans[earn[i].postion]=weight[i].postion;
            for(i=1;i<n;i++)
                printf("%d ",ans[i]);
            printf("%d\n",ans[n]);
        }
    }
```

3103　Fence Repair

问题描述

实质上就是有 $1 \leq n \leq 20\,000$ 个木棒,现在要把这 n 个木棒还原为一根并且每次只可以两个相连接,费用就是每次要接的两个木棒的长度和,要求就是把这个棒还原,要求费用最小.

☞ 输入

输入包括多组测试数据,每组测试数据第一行一个正整数 n,接下来 n 行,每行一个数字,代表木棒长度.

☞ 输出

对于每组测试数据,输出一行正整数,表示把棒还原的最小费用.

☞ 样例输入

3
8
5
8

☞ 样例输出

34

思路引导

此题似乎是一道动态规划的题,但是却又不知道怎么弄,我们再仔细地想一下,有些木棒要用很多次有些仅一次,但是又不知道是多少次,无法用 dp 做,如果枚举只会超时.

解题报告

只要我们在每次接两个木棒时运用贪心思想选择两个最短的接一起,接完后和其他的放在一起进行下一次的选择,直到将所有的木棒接到一起,这样总的费用就是最小的,这就让我们想到了小顶堆,每次取出两个最小的合并后再插入到原来的小顶堆中,知道只剩下一根木棒.

```
#include <iostream>
#include <algorithm>
using namespace std;
__int64 node[20005];
void heap(int i)
{
    int left = i*2, right = i*2+1, mins = i;
    if(left ≤ node[0]&&node[left] < node[mins])
        mins = left;
    if(right ≤ node[0]&&node[right] < node[mins])
        mins = right;
```

第3章 动态规划基础与提高

```
        if(i! = mins)
        {
            swap(node[i],node[mins]);
            heap(mins);
        }
}
void inheap(__int64 key)
{
    node[ + +node[0]] = key;
    __int64 i = node[0];
    while(i > 1&&node[i] < node[i/2])
    {
        swap(node[i],node[i/2]);
        i = i/2;
    }
}
__int64 get()
{
    __int64 p = node[1],q;
    node[1] = node[node[0]];
    node[0] - - ;
    heap(1);
    q = node[1];
    node[1] = node[node[0]];
    node[0] - - ;
    heap(1);
    inheap(p + q);
    return p + q;
}
int main()
{
    int n,i,j;
    while(scanf("%d",&n)! = EOF)
    {
```

```
        node[0] = 0;
        for(i = 1; i <= n; i++)
        {
            scanf("%I64d", &node[i]);
            inheap(node[i]);
        }
        __int64 ans = 0;
        for(i = 1; i < n; i++)
        {
            ans += get();
        }
        printf("%I64d\n", ans);
    }
}
```

3104　今年暑假不 AC

问题描述

暑假到了,同学们不再想做题了,想放松一下看电视,但是重要的是不管看什么节目,我们只想看尽可能多的节目.

☞ 输入

首先输入一个 n,表示有 $1 \leq n \leq 100$ 个电视节目,接下来是 n 行,每行有两个整数,分别表示这个节目的开始时间和结束时间,若 $n=0$ 表示输入结束,不作处理.

☞ 输出

输出能看完整的电视节目数.

☞ 样例输入

12
1 3
3 4
0 7
3 8
15 19

15 20
10 15
8 18
6 12
5 10
4 14
2 9
0

☞样例输出
5

思路引导

此题是一道动态规划的题,可是想一下这要怎么动态规划,因为这不仅和起始时间有关还和结束时间有关,所以行不通.

解题报告

仔细想一下,有什么样的机会选择更多的节目,那也就是我们肯定要选择先结束的,利用贪心每次都选择最优的也就是结束时间尽可能早的. 当然,有个条件就是要选的节目的起始时间一定大于等于前一个节目的结束时间,我们先对节目按照结束时间由小到大排序这样就可以只在一个 for 循环内将其解决了. 详见程序.

```cpp
#include <iostream>   //c++的头文件
#include <algorithm>
using namespace std;
struct ss//结构体,存储节目的开始和结束时间
{
    int st, ed;
} node[110];
bool cmp(ss t1, ss t2)
// c++中的比较函数,应用于 sort 排序函数中
//以 ed 为第一关键字 st 为第二关键字升序排序
{     //此题可以不比较第二关键字,只是为了不知道的同学学习
    return t1.ed < t2.ed || (t1.ed = = t2.ed&&t1.st < t2.st);
}
int main()
```

```
    int i, j, ans, k, n;
    While (scanf("%d",&n)! = EOF&&n) {
      for(i = 0; i < n; i + +)
        scanf("%d%d",&node[i].st,&node[i].ed);
      sort(node,node + n,cmp);      // 这就是 sort 排序函数的用法
      ans = 1;k = 0;
      for (i = 1; i < n; i + +)     //贪心过程,永远取最优解
      {   if (node[i].st > = node[k].ed)
          {  ans + +;
             k = i;
          }
      }
      printf("%d\n",ans);
    }
}
```

3105 Ferry Loading II

问题描述

一条船能够一次最多渡 n 辆车过河,过河用 t min,回来又要用 t min. m 辆车按照一定的计划到达岸边. 现在要求最少用多少时间将所有的船渡过河,以及最少用多少次来将所有的车渡过河.

☞**输入**

第一行是测试数据的组数,每组测试数据第一行有 n,t,m,其中 $0 < n,t,m < 1\,440$;接下来是 m 行,每一行给出每辆车到达的时间. 注意船只能去渡已经到达岸边的车.

☞**输出**

每组测试数据一行两个整数,第一个是用的最少的时间,第二个是用的最少的次数.

☞**样例输入**

2
2 10 10
0
10

20
30
40
50
60
70
80
90
2 10 3
10
30
40

☞样例输出

100 5
50 2

思路引导

用贪心思想,最早运到对岸的时间,取决于最后来的一辆车的被运送时间.因此最优解即是最后一辆车能够最早被运送.

解题报告

本题的最优解就是保证最后一辆车能够最早被运送到.假设有 11 辆车且船一次最多可以载 5 辆车,这样问题就可以转化为前面 6 辆车的最早运送,并且船只回来的时间和最后一辆车到达原岸的时间中较晚者作为最后五辆车的出发时刻.这样就可以转化为求前 6 辆的最优解,规模缩小.这样解法为,如果 $m\%n==0$,则每次都运送 n 辆车;否则第一次运送 $m\%n$ 辆,以后每次都运送 n 辆车.

```c
#include <stdio.h>
#include <stdlib.h>
void SolveGreedy(int n, int t, int m)
{
    int i,j;
    int l = m % n;
    int k = m / n;
```

```c
        int time_now;       //当前船只来到原岸的时间
        int time_return = 0;  //前一组运送渡船的返回时间
        int trans_times = k;
        if (1)  //运送 m%n 的余数的船
        {
            trans_times += 1;
            for (i = 0; i < 1; i++)
                scanf("%d", &time_now);
            time_return = time_now + 2 * t;
        }
        for (i = 0; i < k; i++)
        {
            for (j = 0; j < n; j++)
                scanf("%d", &time_now);  //只需要记录装满船的最后一辆
            if (time_now ≤ time_return)
                time_return = time_return + 2 * t;
            else
                time_return = time_now + 2 * t;
        }
        //输出结果
        printf("%d %d\n", time_return - t, trans_times);
}
int main()
{
    int testNum;
    int n, t, m;
    scanf("%d", &testNum);
    while (testNum--)
    {
        scanf("%d%d%d", &n, &t, &m);
        SolveGreedy(n, t, m);
    }
    return 0;
}
```

3106 石、头剪、刀布

问题描述

放寒假了,X 一个人在家很无聊.于是他就想出了一种新的石头剪刀布玩法(单机版的哦).玩法如下:S 代表石头,J 代表剪刀,B 代表布.赢得一分,平不得分,输扣一分.进行 n 次游戏,而且对手每次游戏出的什么都是已知的.但是自己只能出 a 次 S,b 次 J 和 c 次 B(a,b,c 都是非负,并且 $a+b+c=n$).现在需要你如何安排这 a 次 S,b 次 J 和 c 次 B 使自己最后得到的分数最大.

先给出 n($n \leqslant 100$),表示进行几次游戏.接着是给 n 个由 S,J,B 组成的字符串,表示对手每次游戏出的是什么.最后是给出 a,b,c.

当 $n=0$ 时,输入结束.

对于每组测试数据给出一个整数,表示此次游戏 X 能赢的最大分数.

样例输入

2
JJ
2 0 0
0

样例输出

2

思路引导

(1)这道题目就是一个纯粹贪心的题目.
(2)每次找一个能得分最多的策略.

解题报告

先用石头对剪刀、布对石头、剪刀对布.这样能尽量获得高分,然后尽量平局,剩下最少的扣分步骤,整个用的就是一个贪心的思想.

```
#include <math.h>
#include <stdlib.h>
#include <stdio.h>
int main( )
{    char str[1000];
     int n;
```

```
int i,j,m,j1,j2,s1,s2,b1,b2;
while(scanf("%d",&n)!=EOF&&n!=0)
getchar();
j1=0; j2=0; s1=0; s2=0; b1=0; b2=0;
scanf("%s",&str);
for (i=0; str[i]!='\0'; i++)
{   if(str[i]=='J')   j1++;
    if(str[i]=='S')   s1++;
    if(str[i]=='B')   b1++;
}
scanf("%d %d %d",&s2,&j2,&b2);
int win=0;
if(j1>s2)       //用石头对剪刀
{     j1=j1-s2;
      win=win+s2;
      s2=0;
}
else
{     s2=s2-j1;
      win=win+j1;
      j1=0;
}
if (s1>b2)      //用布对石头
{     s1=s1-b2;
      win=win+b2;
      b2=0;
}
else
{     b2=b2-s1;
      win=win+s1;
      s1=0;
}
if(   b1>j2)// 用剪刀对布
      { b1=b1-j2;
```

```
            win = win + j2;
            j2 = 0;
    }
    else
    {    j2 = j2 - b1;
        win = win + b1;
        b1 = 0;
    }
    // 到这一步尽量找能打平的策略
    if( s2! = 0 )
    {    if( s2 > s1 )
        {    s2 = s2 - s1; win = win - s2; s1 = 0; }
        else
        {    s1 = s1 - s2; s2 = 0; }
    }
    if( b2! = 0 )
    {
        if ( b1 < b2 )
        { b2 = b2 - b1; b1 = 0; win = win - b2; }
        else
        {    b1 = b1 - b2; b2 = 0; }
    }

    if ( j2! = 0 )
    {
        if( j1 < j2 )
        {    j2 = j2 - j1; j1 = 0; win = win - j2; }
        else
        {    j1 = j1 - j2; j2 = 0;        }
    }
    printf( " % d \n ", win );
}
return 0;
}
```

3107　分苹果

问题描述

有 n 个人排成一队,他们都有一个值,如果这个值是个整数 x_i,表示他有多余的 x_i 个苹果,如果是个负数,表示他想要 x_i 个苹果.有多余苹果的人要把苹果给想要苹果的人,使得每个人的值都变为 0,每移动一个苹果给一个人都要花费一个单位的工作量,求完成任务的最小的任务量.

有多组测量数据,先输入一个数 T,表示有 T 组数据,然后输入一个 n,表示有 n 个人,然后是 n 个人的值.

样例输入

```
2
5
6 -4 1 -4 1
6
-6 -7 -8 8 9 4
```

样例输出

```
12
57
```

思路引导

这道题很容易想到用贪心,对于要苹果的人我们可以从头找到一个有苹果的人给他即可.

解题报告

对于要苹果的人我们可以从头找到一个有苹果的人,然后判断两人的苹果数,看能不能满足这个人的要求,如果不能再找下一个人,直到满足为止.

```c
#include <stdio.h>
#include <math.h>
#include <stdlib.h>
int main()
{
    long i,j,step,n,test,t;
    long a[100000];
```

```
scanf("%d",&test);
while(test--)
{
    scanf("%d",&n);
    for(i=1;i≤n;i++)
        scanf("%d",&a[i]);
    step=0;
    for(i=1;i≤n;i++)
    {
        if(a[i]<0)    //找到一个要苹果的人
          for(j=1;j≤n;j++)//找有苹果的人
            {
                if(a[j]>0)
                  {
                      t=a[i];
                      a[i]=a[i]+a[j];
                      if(a[i]>=0)
                       {
                          a[j]=a[j]+t;
                          step=step+fabs(t*(j-i));
                          a[i]=0;
                       }
                      if(a[i]<0)
                       {
                          
                          step=step+fabs(a[j]*(j-i));
                          a[j]=0;
                       }
                  }
                if(a[i]==0)break;
            }
    }
    printf("%d\n",step);
}
```

```
       }
       return 0;
}
```

3108 雷达的设置

问题描述

为保卫我国领土,海岸线上要安装一些雷达监控岛屿.假设海岸线可视为一条直线,一边为大海,一边为大陆,岛屿可看作一个点,雷达监控的范围为一个半径为 d 的圆. 为了方便表示,我们使用笛卡尔坐标系,令海岸线为 X 轴,X 轴上方为大海,X 轴下方为大陆,所有岛屿的位置都是由坐标给出.

☞输入

有多组测试数据,第一行给出岛屿的数目 $n(1 \leqslant n \leqslant 1\,000)$ 和雷达监控范围 d,接下来 n 行输入第 i 个岛屿的 X 坐标和 Y 坐标,当 n 和 d 都是零时结束.

☞输出

每组测试数据输出一行,要包括样例的编号,如果无法覆盖所有岛屿,输出"-1".

☞样例输入

2 5
-3 4
-6 3

4 5
-5 3
-3 5
2 3
3 3

0 0

☞样例输出

Case 1: 1
Case 2: 2

思路引导

（1）由于所有的岛屿都要被覆盖，尽量使覆盖最左端的岛屿的雷达多覆盖几个岛屿，当存在一个岛屿无法被当前雷达覆盖时，即为处理完第 1 个雷达时，剩下的岛屿又存在最左端的岛屿，如此循环下去后得到结果.

（2）唯一不可能覆盖的情况是当 Y 坐标大于半径.

解题报告

对于每一个岛屿，监控的雷达的坐标范围是可以求出来的，用贪心的思想，一个雷达能多监控一个，就多监控一个.

可先对岛屿按 X 坐标排序，可以去掉查询的时间.

对于最左端的岛屿，其的雷达范围可得 (ix_1, ix_2)，之后每加入一个岛屿，更新区间范围（取两个范围的公共覆盖区间），若公共区间不存在，则证明此时需要下一个雷达，而剩下的雷达又可从最左端开始处理.

```
#include <iostream>
#include <stdio.h>
#include <math.h>
#include <algorithm>
using namespace std;
struct Node
{
    int x;
    int y;
}node[2000];
bool cmp (Node a ,Node b)
{
    return (a.x <= b.x);
}
double des (int k ,double cur)
{
    double x2 = node[k].x - cur;
    x2 *= x2;
    return (x2 + node[k].y * node[k].y);
}
```

```
int main ( )
{
    int n = 0, d = 0, t = 0;
    int ans;
    double ix1, ix2;
    double k;
    while ( scanf ("%d%d", &n, &d) ! = EOF)
    {
        ans = 1; t + + ;
        if ( n = = 0 && d = = 0)
            break;
        for ( int i = 0 ; i < n ; i + + )
        {
            scanf ("%d%d", &node[i].x, &node[i].y);
            if ( abs(node[i].y) > d)            /*唯一不可能覆盖的情况是Y坐标大于半径*/
                ans = -1;
        }
        printf ("Case %d: ", t);
        if ( ans = = -1)
        {
            printf (" -1\n");
            continue;
        }
        sort (node, node + n, cmp);                             //排序
        ix1 = node[0].x - sqrt (0.0 + d * d - node[0].y * node[0].y);   //求坐标下限
        ix2 = node[0].x + sqrt (0.0 + d * d - node[0].y * node[0].y);   //求坐标上限
        for ( int i = 1 ; i < n ; i + + )
        {
            k = sqrt (0.0 + d * d - node[i].y * node[i].y);
            if ( node[i].x - k ≤ ix2)            //如果两区间存在交集,则更新区间
            {
```

```
                ix1 = node[i].x - k;
                ix2 = min(k + node[i].x, ix2);
            }
            else                            //否则,新建区间
            {
                ix1 = node[i].x - sqrt(0.0 + d * d - node[i].y * node[i].y);
                ix2 = node[i].x + sqrt(0.0 + d * d - node[i].y * node[i].y);
                ans + +;
            }
        }
    }
    printf("%d\n", ans);
}
return 0;
}
```

3109　John 钓鱼

题目描述

John 打算去湖边钓鱼.沿着湖边的小路总共有 $N(2 \leq N \leq 25)$ 个湖,编号为 $1,\cdots,N$,他沿着湖边的小路走,且只能向前走,但在什么地方停止取决于 John.已知从第 i 个湖到达第 $i+1$ 个湖将花费 $t_i \times 5(\min)$.John 共有 h 个小时可用($1 \leq h \leq 25$).一开始每个湖中鱼的数量为 $f_i \geq 0$,但随着 John 的逮捕,每隔 5 min 湖中的鱼就减少 $d_i(d_i \geq 0)$ 条(当然若湖中鱼的数量小于 d_i,就不能这样计算).为了简化问题,John 假设没有别的人在钓鱼.

现在请你写个程序帮助 John,把此次钓鱼数量最大化.

☞ 输入

每个输入以 $n(1 \leq n)$ 开始,接下来两行分别有 n 个数告诉你 f_i 和 d_i,然后最后一行有 $n-1$ 个数告诉你 t_i.

输入以 $n=0$ 为结束.

☞ 输出

对每组输入,先输出一行表示在每个湖中的钓鱼时间,接着另一行输出总的钓鱼时间.如果有多种方案,请使最前面的湖花费的时间尽可能的多.在每组输出后添加一换行符.

☞ 样例输入
```
2
1
10   1
2   5
2
4
4
10   15   20   17
0   3   4   3
1   2   3
4
4
10   15   50   30
0   3   4   3
1   2   3
0
```

☞ 样例输出

45，5

Number of fish expected：31

240，0，0，0

Number of fish expected：480

115，10，50，35

Number of fish expected：724

思路导引

(1) 注意：John 只能沿着路向前走，他可以只选择前 k 个湖钓鱼 ($1 \leq k \leq n$)，在从一个湖转移到另一个湖中是要花费一定的时间.

(2) 由于每个湖中鱼的数量只与 John 钓了多长的时间有关，与什么时候钓无关. 因此我们可以一次将移动的时间全部扣除，这样在每个时刻我们都可以选择拥有鱼数量最多的湖垂钓. 这是典型的贪心算法.

结题报告

具体实现见代码. 注意：本题可以采用最大堆来实现，但考虑到数据量较小，我们仍然采用顺序选择,来查找当前拥有鱼数量最多的湖.

```c
/**
 * 1042 Gone Fishing
 */
#include <stdio.h>
#include <string.h>
const int N = 28;
int f[N], d[N], t[N];//变量含义依题意
int tf[N];//f[N]的临时变量
int cnt[N]; //在每个湖上所花费的时间
int getmax(int n) { //返回当前拥有最大数量鱼的湖序号
    int max = 0, rem = 0;
    for (int i = 1; i <= n; ++i)
        if (tf[i] > max) {
            max = tf[i];
            rem = i;
        }
    return rem;
}

int main()
{
    int n;
    double h;
    while (scanf("%d", &n) != EOF && n) {
        scanf("%lf", &h);
        for (int i = 1; i <= n; ++i)
            scanf("%d", f+i);
        for (int i = 1; i <= n; ++i)
            scanf("%d", d+i);
        for (int i = 1; i < n; ++i)
            scanf("%d", t+i);
        for (int i = 1; i <= n; ++i)
            cnt[i] = 0;
```

```c
        int maxnum = -1;   //最大钓鱼量(不能初始化为0)
        int tcnt[N];   //cnt[N]的临时变量
        for (int k = 1; k <= n; ++k) {   //枚举1~k
            for (int i = 1; i <= n; ++i) {
                tcnt[i] = 0;
                tf[i] = f[i];              //不能改变f[i]的值
            }
            int tmp = 0;
            double left = h * 60;          //剩余时间,转化为分钟
            for (int i = 1; i < k; ++i)
                left -= t[i]*5;
            for (left; left >= 5.0; left -= 5.0) {
                int id = getmax(k);
                if (id == 0) break;   //已经无鱼可钓
                tcnt[id] += 5;
                tmp += tf[id];
                tf[id] -= d[id];
            }
            tcnt[1] += left;   //将剩余时间加到第一个湖上
            if (tmp > maxnum) {
                maxnum = tmp;
                for (int i = 1; i <= k; ++i) {
                    cnt[i] = tcnt[i];
                }
            }
        }
        //输出
        int i;
        for (i = 1; i < n; ++i)
            printf("%d,", cnt[i]);
        printf("%d\n", cnt[i]);
        printf("Number of fish expected: %d\n\n", maxnum);
    }
    return 0;
}
```

3110 给树着色

问题描述

鲍勃很喜欢数据结构里的树. 树形结构是一种有向图,其中仅有一个节点被叫做树根,它和其他的任何一个节点都存在一条唯一的路径.

鲍勃尝试用笔去给树着色. 一棵树中有 $N(1,2,\cdots,N)$ 个节点. 假设:鲍勃给每个节点涂色都需要一定的时间,而且他只有在给一个节点涂色后才能给下个节点涂色. 树中的每个节点都有一个"时间消耗因子" C_i,对其着色需要 $C_i \times F_i$ 的时间,其中 F_i 代表这个节点是第几个鲍勃上色的节点.

例如,后五个节点,其因子为:1,2,1,2,4,鲍勃能按照 1,3,5,2,4 的顺序涂色,可以得到最少的消耗时间 33.

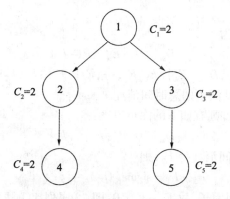

输入

有多组测试数据,每组数据的第一行为 N 和 $R(1 \leqslant N \leqslant 1\,000, 1 \leqslant R \leqslant N)$,代表树的节点总数与树根编号. 第二行为 N 个数,代表每个节点的时间因子,其中第 i 个数为 $C_i(1 \leqslant C_i \leqslant 500)$. 再之后有 $N-1$ 行,每行有两个数 V_1,V_2,代表 V_2 的父节点是 V_1. 树中的每条边不会给出两次,且所有的边都会给出.

输出

给这棵树上色的最小时间消耗.

样例输入

5 1
1 2 1 2 4
1 2

1 3
2 4
3 5

☞样例输出

33

思路引导

(1) 树中权值最大的非根节点为 P，P 的父节点为 Q，那么为 Q 染色后的下一时间一定为 P 染色，使得总时间消耗最少。

(2) 由思路一，可用一个节点 R 代替 P 和 Q，其权值为：$(C_p+C_q)/2$，它的子节点是 P 和 Q 的所有子节点，它的父节点是 Q 的父节点。

解题报告

首先对思路一证明。

假设在一种涂色方案为

$$\{D_m\}, Q, \{E_n\}, P, \{F_t\} \qquad ①$$

其中：$\{D_m\}$：$D_1, D_2, \cdots, D_m$；$\{E_n\}$：$E_1, E_2, \cdots, E_n$；$\{F_t\}$：$F_1, F_2 \cdots F_t$，且 $\{D_m\}, \{E_n\}, \{F_t\}$ 都是最优选取原则；F_1 为其涂色的总时间消耗。

若将 P 在 $\{E_n\}$ 前选取，则有如下的涂色方案：

$$\{D_m\}, Q, P, \{E_n\}, \{F_t\} \qquad ②$$

设第二种排列的总时间消耗为 F_2，则

$$F_2 - F_1 = \text{sigma}(C_{E_i}) - n * C_p$$

因为 C_p 为最大的时间因子，故 $F_2 - F_1 < 0$，即：②序列比①序列更优。

另外由于 P 被提前，$\{E_n\}$ 和 $\{F_t\}$ 的最优方式可能成为另一序列 $\{G_n+t\}$ 且其中的节点数等于 $\{D_n\}$ 的节点数加 $\{F_t\}$ 的节点数，可得 P 提前后的最终序列

$$\{D_m\}, Q, P, \{G_n+t\} \qquad ③$$

但是不论 $\{G_n+t\}$ 如何变化，它总是要优于 $\{E_n\}, \{F_t\}$，即③ > ② > ①（这里的"＞"指优于）。

也就是说，Q, P 一定是相邻的，即思路一成立。

然后对思路二证明。

由思路一，假设现在存在一个类似②的序列，但假设它是最优的序列，即

$$\{D_m\}, Q, P, \{E_n\}, \{F_t\}$$

其中 $\{E_n\}$ 是非 Q 后代的节点集合，那么，为什么不将 $\{E_n\}$ 放在 Q, P 之前着色呢？

对于 $Q, P, \{E_n\}$ 这个子序列来说，共有两种情况：

(1) 先对$\{E_n\}$染色,然后对Q和P染色,此时的时间为F_1;
(2) 先对Q、P染色,然后对$\{E_n\}$染色,此时所需的时间为F_2。
此时,哪种选法会得到最优解?

由
$$F_2 - F_1 = (C_p + C_q) \times n - \text{sigma}(C_{E_i}) \times 2$$
得
$$(F_2 - F_1)/(2 \times n) = (C_p + C_q)/2 - \text{sigma}(C_{E_i})/n$$

为了选择染色方案,可将Q和P合成一个点R(权值为$(C_p + C_q)/2$),$\{E_n\}$看成一个点S(权值为$\text{sigma}(C_{E_i})/n$),此时面对的问题即为先染R还是先染S,显然先染算数平均值大的点,故思路二得证.

由思路二得知,可以在一棵树里寻找权值最大的节点,并将它与其父节点合并,其权值为这两个节点所包含的所有节点的算数平均值,那么当合并之后树中又存在另一权值最大的节点,如此类推,可将整棵树收缩成一个点,而这个点包含了一条线性表,即为着色的顺序.

```
#include <iostream>
using namespace std;
#define SIZE 1200
struct Map
{
    int value;          //该节点的价值
    int father;         //该节点的父节点
    int count;          //收缩的总节点数
    int sum;            //收缩的总价值和
    int link_pare;      //收缩后的父节点
    int link_next;      //收缩后的子节点
} node[SIZE];
bool used[SIZE];        //是否已经收缩
void init (int n);      //初始化
int find (int n);       //寻找当前需要收缩的节点
int main ()
{
    int n, star;
    int ff, flag;
    int ans;
    while (scanf ("%d%d", &n, &star) ! = EOF)
```

```
            if (n = = 0 && star = = 0)
                break;
            init(n);
            used[star] = true;
            for (int i = 1; i < n; i + +)
            {
                flag = find(n);
                used[flag] = true;
                //寻找父节点被收缩后的头节点
                for (ff = node[flag].father; node[ff].link_pare ! = -1; ff = node[ff].link_pare);
                //收缩
                node[ff].count + = node[flag].count;
                node[ff].sum + = node[flag].sum;
                //寻找父节点被收缩后的尾节点
                for (ff = node[flag].father; node[ff].link_next ! = -1; ff = node[ff].link_next);
                //建立收缩的链表
                node[ff].link_next = flag;
                node[flag].link_pare = ff;
            }
            ans = 0;
            for (int i = 1; i ≤ n; i + +)
            {
                ans + = node[star].value * i;
                star = node[star].link_next;
            }
            printf("%d\n", ans);
        }
    return 0;
}
void init(int n)
{
    int a, b;
```

```c
        memset(used,0,sizeof(used));
        for(int i=1;i≤n;i++)
        {
                scanf("%d",&node[i].value);
                node[i].sum = node[i].value;
                node[i].count = 1;
                node[i].father = -1;
                node[i].link_pare = -1;
                node[i].link_next = -1;
        }
        for(int i=1;i<n;i++)
        {
                scanf("%d%d",&a,&b);
                node[b].father = a;
        }
        return;
}
int find(int n)
{
        double max = -1;
        int flag = -1;
        for(int j=1;j≤n;j++)
        {
                double k = 1.0 * node[j].sum / node[j].count;
                if(!used[j] && k > max)
                {
                        max = k;
                        flag = j;
                }
        }
        return flag;
}
```

3.2 动态规划

3201 最大值

给出一个表达式,可以通过在不同的地方添加括号,从而改变式子的结果. 比如 $1+2\times 3$,如果是 $(1+2)\times 3$ 结果是9,如果是 $1+2\times 3$,结果是7,现在给出一个这样的式子,保证只有乘法和加法,但是也许会出现负数. 求出这个式子通过不同的加括号方式,所能求得的最大结果.

☞ 输入

多组数据,每组数据第一行给出一个整数 $N(2\leqslant N\leqslant 100)$,是所给式子的整数个数,下面包含表达式,所有整数和符号之间都会相隔一个空格.

☞ 输出

对于每组测试数据输出一个给出式子能算出的最大值.

☞ 样例输入

4
1 + 2 * 3 + -1

☞ 样例输出

8

思路引导

类似矩阵连乘.

解题报告

用 max[i][j] 表示这个式子将第 i 个整数到第 j 个整数加上一层括号能得到的最大值. 这样最终的结果求的就是 max[1][n].

```
#include <stdio.h>
#define SUM 101
#define Max 1000000000
#define Min -1000000000
int n,num[SUM],ope[SUM],a[4];
```

```c
struct rem
{
    int max;
    int min;
};

rem result[SUM][SUM];

rem cmp(int a1,int a2,int a3,int a4)
{
    int i = 0;
    int max = Min, min = Max, temp;
    if(((temp = a1 * a3) > max) max = temp;
    if(temp < min) min = temp;
    if(((temp = a1 * a4) > max) max = temp;
    if(temp < min) min = temp;
    if(((temp = a2 * a3) > max) max = temp;
    if(temp < min) min = temp;
    if(((temp = a2 * a4) > max) max = temp;
    if(temp < min) min = temp;
    rem p;
    p.max = max;
    p.min = min;
    return p;
}
rem MAX(int i,int j)
{
    if(i = = j)
    {
        result[i][i].max = num[i];
        result[i][i].min = num[i];
        return result[i][j];
    }
    if(i < j)
```

```
            {
                if(result[i][j].max!=Min)
                    return result[i][j];
                else
                {
                    for(int t=i;t<j;t++)
                    {
                        rem tempa=MAX(i,t);
                        rem tempb=MAX(t+1,j);
                        if(ope[t]==1)
                        {
                            rem c=cmp(tempa.max,tempa.min,tempb.max,tempb.min);
                            if(c.max>result[i][j].max)result[i][j].max=c.max;
                            if(c.min<result[i][j].min)result[i][j].min=c.min;
                        }
                        else
                        {
                            int mm=tempa.max+tempb.max;
                            if(mm>result[i][j].max)result[i][j].max=mm;
                            int mi=tempa.min+tempb.min;
                            if(mi<result[i][j].min)result[i][j].min=mi;
                        }
                    }
                    return result[i][j];
                }
            }
    }
int main()
{
    char ch;
    while(scanf("%d",&n)!=EOF)
    {
        for(int i=1;i<n;i++)
```

```
                {
                        scanf("%d",&num[i]);
                        getchar();
                        scanf("%c",&ch);
                        if(ch=='*')ope[i]=1;
                        else ope[i]=0;
                }
                scanf("%d",&num[n]);
                for(int i=0;i≤n;i++)
                        for(int j=0;j≤n;j++)
                        {
                                result[i][j].max=Min;
                                result[i][j].min=Max;
                        }
                int max=MAX(1,n).max;
                printf("%d\n",max);
        }
        return 0;
}
```

3202 猴子

问题描述

在 Hphp 还没有电脑的时候,手机是她唯一的娱乐工具. 他最喜欢玩的游戏就是猴子. 猴子的行动范围是在 $n(n \leq 100)$ 根水平排列的柱子的底端上,并且以坐虫子为快乐. 每坐到一个虫子他就快乐一点. 可是他的快乐是有极限的,因为他只能水平地在相邻的柱子间移动,并且移动一次时间是 1 s,如果在时间 $t(0 \leq t \leq 10\,000)$ 猴子刚好在柱子 $m(1 \leq m \leq n)$ 上,并且此时 m 上恰好会出现一只虫子,那么猴子就可以坐到它了. 现在猴子最初(0 s)在 1 号柱子上,在 t 时间 m 柱子上是否能有虫子以一个矩阵给出. 猴子想要最快乐,你是否能够帮助它呢?

☞ 输入

多组测试数据,每组测试数据首先给出整数 n,t $(0 < n \leq 100, 0 \leq t \leq 10\,000)$ 占一行. 其

中 n 表示总共有多少柱子；t 表示游戏结束的时间，t 时间猴子就不可以再坐虫子. 接下来有 n 行,每行有 t 个整数(0 或 1)$T_0, T_2, \cdots, T_{t-1}$. 第 i 行第 j 个数字表示第 i 个柱子在 j 时间是否有虫子出现.

☞ 输出

对于每组测试数据输出一个整数,表示猴子快乐的最大点数.

☞ 样例输入

```
3 4
0 1 0 1
1 0 0 1
1 1 1 1
3 4
1 0 1 0
1 1 1 0
1 1 1 1
1 5
1 0 1 0 1
```

☞ 样例输出

```
2
3
3
```

思路引导

(1) 首先一定和所在柱子有关系.

(2) 和时间也有关系.

(3) 显然在条件确定的情况下是满足最优子结构的,即可以用 dp 解决.

解题报告

用 mx[i][j] 表示在第 i 时间在第 j 个柱子上时能得到的最大的幸福值；grid[j][i] 表示第 i 时间第 j 柱子是否有虫子. 那么 mx[i][j] = Max(mx[i-1][j-1], mx[i-1][j], mx[i-1][j+1]) + grid[j][i]. 注意边界情况.

```
#include <stdio.h>
#define MAX (1<<29)
#define N 110
#define T 10100
```

```c
#define Max(a,b,c) (((a)>(b)? (a):(b)) >(c)? ((a)>(b)? (a):(b)):(c))
int mx[T][N],grid[N][T];
int n,limt;
int main()
{
    while(scanf("%d %d",&n,&limt)!=EOF)
    {
        for(int i=1;i≤n;i++)
        {
            for(int j=0;j<limt;j++)
            {
                scanf("%d",&grid[i][j]);
            }
        }
        for(int i=1;i≤n;i++)
            for(int j=0;j<limt;j++)
                mx[j][i] = -MAX;
        mx[0][1] = grid[1][0];
        for(int i=1;i<limt;i++)
        {
            for(int j=1;j≤n&&j≤i+1;j++)
            {
                int a = -MAX,b = -MAX,c = -MAX;
                if(j>1)
                    a = mx[i-1][j-1];
                b = mx[i-1][j];
                if(j<n)
                    c = mx[i-1][j+1];
                mx[i][j] = Max(a,b,c)+grid[j][i];
            }
        }
        int mxmx = 0;
        for(int i=1;i≤n;i++)
            if(mx[limt-1][i]>mxmx)
```

```
        mxmx = mx[limt - 1][i];
        printf("%d\n", mxmx);
    }
    return 0;
}
```

3203 骨灰级玩家考证篇

问题描述

骨灰级玩家称号是每一个高手玩家梦寐以求的称号. 在这里你可以通过挑战终极 boss 获得. 由于 boss 能力如此之强,你的闪避项链将失去作用,它对你的每一次的攻击都是实实在在的攻击. 只要你稍不留神,你将会被它打死. 为了让你能较多地使用魔法攻击,在挑战时我们会免费赠送一个恢复光环(每秒能够恢复 $t(1 \leq t \leq 5)$ 点的魔法值,当然,你的魔法值不可能超过 100). 恢复光环的增加魔法都是在你攻击之后.

生或死仅一念之间,请谨慎考虑!

☞输入

首先给出一个整数 n, t 和 $q(0 < n \leq 100)$,占一行. 其中 n 表示你拥有多少技能;t 表示你每秒能恢复多少魔法值;q 表示终极 boss 每次攻击对你造成的伤害(它也是每秒攻击一次,我们认为一秒内的你和 boss 的攻击是你攻击在前). 接下来有 n 行,每行有 2 个正整数 a_i, b_i $(0 < a_i, b_i \leq 100)$,表示第 i 个技能使用消耗多少魔法值,和对野怪的伤害. 当 $n = t = q = 0$ 时,输入结束.

☞输出

对于每组测试数据首先输出一个正整数 min(表示你使用最少的时间杀死野怪),占一行. 如果你阵亡,输出 "My god".

☞样例输入

4 2 25
10 5
20 10
30 28
76 70
4 2 25

10 5
20 10
30 28
77 70
0 0 0

☞ **样例输出**

4

My god

思路引导

(1) 这个题目很容易想到是用 dp 解决，记录每一回合之后的状态.

(2) 这道题多了一个每秒能恢复的魔法.

(3) 恢复的魔法可以在每回合之后补上.

解题报告

用一个数组 dp[i][j] 表示在第 i 秒伤害为 j 时剩的最大魔法，第 i 秒的状态可由上一成的状态而得，状态方程为：dp[i][j+skill[k][1]] = w-skill[k][0]（具体变量见代码），最后判断返回值即可.

```
#include <stdio.h>
#include <string.h>
#include <stdlib.h>
int n,t,q;
int skill[1010][2];//记录技能 ,skill[i][0]:表示魔法消耗,skill[i][1]:表示伤害
int dp[110][110];//记录状态
int DP()
{
    int m;
    memset(dp,-1,sizeof(dp));
    int i,j;
    if(q==0)m=9999999;/*对 m 初始化,m 表示时间的上限,也就是说如果怪物能在第 m s 能把你打死*/
    else if(100%q==0)m=100/q;
    else m=100/q+1;
    for(i=0;i≤n;i++)
```

```
if(skill[i][0]≤100&&dp[1][skill[i][1]]<100-skill[i][0])//初始化
{
    if(skill[i][1]>=100)return 1;
        dp[1][skill[i][1]]=100-skill[i][0];
}
for(i=2;i≤m;i++)//从第2回合的DP过程,dp[i][j]表示在第i秒伤害为j
{
    for(j=0;j≤100;j++)//恢复魔法值
    {
        if(dp[i-1][j]!=-1)
        {
            dp[i-1][j]+=t;
            if(dp[i-1][j]>100)dp[i-1][j]=100;
        }
    }
    for(j=0;j≤100;j++)
    {
        if(dp[i-1][j]!=-1)
        {
            int w=dp[i-1][j];
            for(int k=0;k≤n;k++)
            {
                if(w>=skill[k][0])//判断是否够魔法
                {
                    if(j+skill[k][1]>=100)return i;/*如果伤害大于100,怪物被打死,返回时间*/
                    int tt=w-skill[k][0];
                    if(dp[i][j+skill[k][1]]<tt)
                        dp[i][j+skill[k][1]]=tt;
                }
            }
        }
    }
}
```

```
        return -1;//被怪物打死
}
int main( )
{
    int i,j;
    while(scanf("%d %d %d",&n,&t,&q)! =EOF)
    {
        if(n = =0&&t = =0&&q = =0)break;
        skill[0][0] =0;
        skill[0][1] =1;
        for(i =1;i≤n;i+ +)
            scanf("%d %d",&skill[i][0],&skill[i][1]);
        int flag = DP( );
        if(flag! = -1)
            printf("%d\n",flag);
        else
            printf("My god\n");
    }
    return 0;
}
```

3204 样本采集

问题描述

给出一个矩形区域,每个方格可能含有一个样本.有一个机器人需要从左上角行进到右下角,每一步都只能向下或向右走,如果方格中有样本,则必须全部采集.但是机器人的装载是有限度的,也就是说,如果它的剩余容量不足以容纳某个方格中的样本,则它不能经过该方格.给出一个矩形区域,问在不超出容量的情况下,机器人最多可以采集到多少个样本.

☞ 输入

每组的输入第一行包含三个整数 n,m,k,分别表示矩形区域的行数与列数以及机器人的装载能力 $(1≤n≤250,1≤m \& lt;=100,1≤k≤1\ 000)$. 接下来是一个 $n×m$ 的矩阵,每一格要么是 *,表示有一个样本;要么是#,表示没有样本.最左上角和最右下角的方格一定是#.

☞**输出**

机器人最多能采集多少个样本. 如果根本无法到达终点,则输出"-1".

☞**样例输入**

```
5 5 5
#*#*#
*#*#*
#*#*#
*#*#*
#*#*#
5 1 2
#
*
*
*
#
```

☞**样例输出**

```
4
-1
```

思路引导

(1) 每个点由最多两个点到达,若单纯求出最大值,那么只要记录最大值,利用 dp,具有最优子结构性质.

(2) 但是遇到块就必须装,超高装载能力后不能成功达到终点.

(3) 上述情况需要我们再记录最小值,看最小值是否能不超过装载能力.

(4) 举出几个例子,发现如果某个点的取值范围是 $[a,b]$,那么可以通过控制这个点的路径,取得这个区域间的任意值.

解题报告

用一个数组 $\max[i][j]$,$\min[i][j]$ 分别表示走到第 i 行第 j 列时能取到的最大值和最小值. 那么 $\max[i][j] = \text{Max}(\max[i-1][j], \max[i][j-1]) + \text{grid}[i][j] == {'*'} ? 1:0$; $\min[i][j] = \text{Min}(\min[i-1][j], \min[i][j-1]) + \text{grid}[i][j] == {'*'} ? 1:0$; $\text{grid}[i][j]$ 表示 i 行 j 列的格子上的符号.

```c
#include <stdio.h>
#include <string.h>
#define N 251
#define M 101
#define K 1001
char rec[N][M];
int min[N][M],max[N][M];

int mininum(int a,int b)
{
        return a<b? a:b;
}
int maximun(int a,int b)
{
        return a>b? a:b;
}
void dp(char rec[N][M],int n,int m)
{
        min[0][0]=0,max[0][0]=0;
        for(int i=1;i<n;i++)
        {
            if(rec[i][0]=='*')
            {
                    min[i][0]=min[i-1][0]+1;
                    max[i][0]=max[i-1][0]+1;
            }
            else
            {
                    min[i][0]=min[i-1][0];
                    max[i][0]=max[i-1][0];
            }
        }
        for(int j=1;j<m;j++)
        {
```

```
                    if(rec[0][j] = = '*')
                    {
                            min[0][j] = min[0][j-1] + 1;
                            max[0][j] = max[0][j-1] + 1;
                    }
                    else
                    {
                            min[0][j] = min[0][j-1];
                            max[0][j] = max[0][j-1];
                    }
            }
            for(int i = 1;i < n;i + +)
            {
                    for(int j = 1;j < m;j + +)
                    {
                            if(rec[i][j] = = '*')
                            {
                                    min[i][j] = mininum(min[i-1][j],min[i][j-1]) + 1;
                                    max[i][j] = maximun(max[i-1][j],max[i][j-1]) + 1;
                            }
                            else
                            {
                                    min[i][j] = mininum(min[i-1][j],min[i][j-1]);
                                    max[i][j] = maximun(max[i-1][j],max[i][j-1]);
                            }
                    }
            }
}
void solute(int min,int max,int limit)
{
        if(min > limit)printf(" -1\n");
        else
        {
```

```
                    if(max > = limit)printf("%d\n",limit);
                    else printf("%d\n",max);
            }
    }

int main()
{
        int n,m,k;
        while(scanf("%d%d%d",&n,&m,&k)! = EOF)
        {
                for(int i = 0;i < n;i + + )
                {
                        scanf("%s",rec[i]);
                }
                dp(rec,n,m);
                solute(min[n - 1][m - 1],max[n - 1][m - 1],k);
        }
        return 0;
}
```

3205　括号匹配

问题描述

定义一个由圆括号和方括号组成的串的合法性:
(1)一个空串是合法的串.
(2)如果 s 是一个合法的串,那么[s]和(s)也是合法的.
(3) a 和 b 是合法的串,ab 那么也是合法的.
(4)除此之外,其他的都不是合法的.
现在给出一个由圆括号和方括号组成的串,如果它不是一个合法的串,那么可以去掉其中的一些括号,使其成为一个合法的串,求得到的合法串的最长长度,输入以 end 结尾.
☞输入
　　输入包括多组测试数据.每组测试数据占一行,每一行仅由(、)、[、]组成的字符号串.

输入数据以 end 结束.

☞ **输出**

对于每组输入数据,输出一行整数,代表将字符串合法化所加入的最少字符数.

☞ **样例输入**

(((()))
()()(
([])
)[)(
([][][
end

☞ **样例输出**

6
6
4
0
6

思路引导

(1) 这道题也是一个比较经典的 dp,只要按照题目所给的 4 个条件去找就可以了.
(2) 第一种情况答案显然是 0.
(3) 第二种情况答案是 s 串的答案加 2.
(4) 第三种情况答案自然 a 串和 b 串的答案之和.

解题报告

数组 a[i][j] 记录串 s 中第 i 个到第 j 个这一段的解. 先解决小的问题,解决问题时可以用小问题的解得出更大的问题. 若三种情况都符合,则状态方程就为: dp[i][j] = max(dp[i][k] + dp[k][j], dp[i−1][j−1] +2);不符合的可以忽略.

```
#include <stdio.h>
#include <string.h>
#include <stdlib.h>
#include <math.h>
int main()
{
```

```c
char str[150];
while(scanf("%s",&str)!=EOF)
{
    if(str[0]=='e')break;
    int a[150][150],i,j,k;
    int len=strlen(str);
    for(k=0;k<len;k++)
    {
            for(i=0;i<len-k;i++)//第一种情况(空串)
            {
                    int max=0;
                    if(i==i+k)
                    {
                            a[i][i+k]=0;
                            continue;
                    }
                    
                    if(str[i]=='('&&str[i+k]==')')//第二种情况
                    {
                            if(i+1>i+k-1&&max<2)
                              max=2;
                            if(i+1<=i+k-1)
                            {
                                    if(max<a[i+1][i+k-1]+2)
                                      max=a[i+1][i+k-1]+2;
                            }
                    }
                    if(str[i]=='['&&str[i+k]==']')
                    {
                            if(i+1>i+k-1&&max<2)
                              max=2;
                            if(i+1<=i+k-1)
                            {
                                    if(max<a[i+1][i+k-1]+2)
```

```
                                    max = a[i+1][i+k-1]+2;
                                }
                            }
                            for(j=1;j≤k;j++)//第三种情况
                            {
                                if(a[i][i+j-1]+a[i+j][i+k]>max)
                                    max = a[i][i+j-1]+a[i+j][i+k];
                            }
                            a[i][i+k] = max;
                        }
                    }
        printf("%d\n",a[0][len-1]);
    }
    return 0;
}
```

3206 猴子-2

问题描述

如果你对 Hphp 和猴子感兴趣,请看"猴子"一题,但是 Hphp 看完题后觉得出题人很笨,如果猴子的行动范围是在 $n(n \leq 100)$ 根水平排列的柱子的底端上,那么还要柱子做什么呢?干脆用木桩好了! Hphp 从此下定决心要改变猴子的故事,猴子依然在柱子上生活,并且以坐虫子为快乐.每坐到一个虫子他就快乐一点.可是他的快乐是有极限的,因为他只能在同一个柱子上垂直上下运动,或者水平地在相邻的柱子间移动,并且移动一次时间是 1 s(垂直或者水平,垂直时候每一秒移动 1 cm,和虫子的移动速度相同诶!),如果在时间 $t(0 \leq t \leq 1\,000)$ 猴子刚好在柱子 $m(1 \leq m \leq n)$ 上的 $k(0 \leq k \leq 100)$ 位置,并且此时 m 上的 k 位置恰好会出现一只虫子,那么猴子就可以坐到它了,也就是快乐加一点哦.现在猴子最初(0 s)在 1 号柱子距底端 s cm(s 是最上端)的位置上,已知虫子依次出台的时间和柱子号,并且虫子是从 0 cm 位置进入柱子的.猴子想要最快乐,你还能够帮助它吗?

☞输入

多组测试数据,每组测试数据首先给出整数 n,t,s 和 $m(0 < n \leq 100, 0 \leq t \leq 1\,000, 0 \leq s \leq 100)$,占一行.其中 n 表示总共有多少柱子;t 表示游戏结束的时间;s 表示每根柱子的最

大高度(cm);t 时间的猴子就不可以再坐虫子咯. 接下来有 m 行,每行有 2 个整数 a,b,表示的是在 a 时间 b 柱子的底端会出现一只虫子,并且以 1 cm/s 的速度向柱子上面爬,如果爬出 s 点,那么虫子就获救了!

☞输出

对于每组测试数据输出一个整数,表示猴子快乐的最大点数.

☞样例输入

3 4 3 3
0 2
1 1
2 3
3 4 4 4
0 1
1 1
0 2
1 2
1 5 4 4
0 1
1 1
2 1
3 1
1 5 3 4
0 1
1 1
2 1
3 1

☞样例输出

1
0
1
2

思路引导

(1)这道题和"猴子"有很大的相似,怎么处理上下移动这个方面呢?

(2) 上下移动. 考虑到虫子和猴子移动的速度是一样的, 所以说猴子根本不需要上下移动, 也就是说, 如果认为猴子在 s 位置上左、右移动就会得到一个最优值.

(3) 显然在条件确定的情况下是满足最优子结构的, 即可以用 dp 解决. 并且和"猴子"那道题有异曲同工之处.

解题报告

用 mx[i][j] 表示在第 i 时间在第 j 个柱子上时候能得到的最大的幸福值, grid[j][i] 表示第 i 时间第 j 柱子是否有虫子. 那么 mx[i][j] = Max(mx[i−1][j−1], mx[i−1][j], mx[i−1][j+1]) + grid[j][i]; 注意边界情况. 关键问题变成了 grid[j][i] 怎样去求. 在 a 时间 b 柱子上出现一只虫子, 那么他走到 b 的 s 处的时间应该是 $a+s$, 所以如果出现 a,b, 那么 grid[b][a+s] = 1.

```
#include <stdio.h>
#define MAX (1<<29)
#define N 110
#define T 10100
#define Max(a,b,c) (((a)>(b)?(a):(b))>(c)?((a)>(b)?(a):(b)):(c))
int mx[T][N],grid[N][T];
int n,limt,len,m;
int main()
{
    while(scanf("%d%d%d%d",&n,&limt,&len,&m)!=EOF)
    {
        for(int i=1;i≤n;i++)
            for(int j=0;j<limt;j++)
                grid[i][j] = 0;
        for(int i=0;i<m;i++)
        {
            int  a, b;
            scanf("%d%d",&a,&b);
            grid[b][a+len] = 1;
        }
        for(int i=1;i≤n;i++)
            for(int j=0;j<limt;j++)
```

```
            mx[j][i] = -MAX;
        mx[0][1] = grid[1][0];
        for(int i=1;i<limt;i++)
        {
            for(int j=1;j≤n&&j≤i+1;j++)
            {
                int a = -MAX,b = -MAX,c = -MAX;
                if(j>1)
                    a = mx[i-1][j-1];
                b = mx[i-1][j];
                if(j<n)
                    c = mx[i-1][j+1];
                mx[i][j] = Max(a,b,c)+grid[j][i];
            }
        }
        int mxmx = 0;
        for(int i=1;i≤n;i++)
            if(mx[limt-1][i]>mxmx)
                mxmx = mx[limt-1][i];
        printf("%d\n",mxmx);
    }
    return 0;
}
```

3207 最大子块和

问题描述

给出一个三维的矩阵,它的子矩阵的值定义为子矩阵中所有值之和,求它的最大子矩阵和。

☞ 样例输入

1
2 2 2
7 -4

```
3 7
-9 -6
4 7
```

☞**样例输出**

```
21
```

思路引导

这道题运用到一维的最大字段和和二维的最大子段和.

解题报告

在求二维的最大字段和时是先把二维压缩成一维,然后用一维的方法来求,这里是三维的,方法类似,先把三维压成二维,二维再压成一维,即可求解.

```c
#include <string.h>
#include <stdio.h>
#include <stdlib.h>
#define M 101
int t,n,m;
int num[M][M][M];
int submax(int a[M])//一维的最大字段和
{
    int i,pre=a[1],max=0;
    for(i=2;i<=m;i++)
    {
        if(a[i]+pre>a[i])
            pre=a[i]+pre;
        else
            pre=a[i];
        if(pre>max)
            max=pre;
    }
    return max;
}
int submax2d(int a[][M])//二维的最大字段和
{
```

```
    int b[M];
    int i,j,k,max = 0;
    for(i = 1;i≤n;i + +)
    {
      memset(b,0,sizeof(b));
      for(j = i;j≤n;j + +)
        {
          for(k = 1;k≤m;k + +)//把一位压成二维
            b[k] + = a[j][k];
         int ff = submax(b);
         if(ff > max)max = ff;
        }
    }
    return max;
}
int submax3d()//三维
{
    int a[M][M];
    int i,j,k,w;
    int max = 0;
    for(i = 1;i≤t;i + +)
    {
      memset(a,0,sizeof(a));
      for(j = i;j≤t;j + +)
        {
          for(k = 1;k≤n;k + +)
            for(w = 1;w≤m;w + +)
              a[k][w] + = num[j][k][w];//把三维压成二维
         int tt = submax2d(a);
         if(tt > max)max = tt;
        }
    }
    return max;
}
```

```
int main( )
{
    int i,j,k;
    int test;
    scanf("%d",&test);
    while(test--)
    {
        scanf("%d %d %d",&t,&n,&m);
        for(k=1;k<=t;k++)
            for(i=1;i<=n;i++)
                for(j=1;j<=m;j++)
                    scanf("%d",&num[k][i][j]);
        printf("%d\n",submax3d());
    }
    return 0;
}
```

3208　样本采集-2

问题描述

给出一个矩形区域，每个方格可能含有一个样本。有一个机器人需要从左上角行进到右下角，每一步都只能向下或向右走，如果方格中有样本，则必须全部采集，但是机器人的装载是有限度的，也就是说，如果它的剩余容量不足以容纳某个方格中的样本，则它不能经过该方格。给出一个矩形区域，问在不超出容量的情况下，机器人最多可以采集到多少个样本？

输入

每组的输入第一行包含三个整数 n,m,k，分别表示矩形区域的行数与列数以及机器人的装载能力（$1 \leq n \leq 100, 1 \leq m <= 100, 1 \leq k \leq 1\,000$）。接下来是一个 n,m 的矩阵，每一格要么是*，表示有一个样本；要么是#，表示没有样本，此外还有&表示该格有障碍，不能通过。最左上角和最右下角的方格一定是#。

输出

输出机器人最多能采集多少个样本。如果根本无法到达终点，则输出"-1"。

样例输入

```
5 5 5
# * * * #
 * # * # *
# * # * #
 * # * # *
# * # * #
5 1 2
#
 *
#
 *
#
5 5 5
# * * * #
 * # * # *
# * # * #
 * # * & &
# * * * #
```

样例输出

```
4
-1
4
```

思路引导

(1) 和上一个样本采集类似,同样动态规划,满足最优子结构性质.

(2) 但是如果有些点经过不了,那么无法保证在记录两个区间的情况下,能取到任意一个值.

(3) 按照题目中的范围,如果探测在某点是否可以取到某值,通过枚举也许可行.

解题报告

用一个数组 sign[i][j][k] 的取值 0,1 表示,是否可以在 (i,j) 点取得 k 值,这样通过枚举点和该点的取值,最终能得到答案.

```c
#include <stdio.h>
#include <string.h>
#define N 110
#define M 110
#define K 1010
bool sign[N][M][K],flag[N][M];
int n,m,k,count;
char grid[N][M];
void init(void)
{
    for(int i=0;i≤k;i++)
        sign[1][1][i]=0;
    if(grid[1][1]=='*')
        sign[1][1][1]=1;
    else if(grid[1][1]=='#')
        sign[1][1][0]=1;
    for(int i=2;i≤n;i++)
    {
        if(grid[i][1]=='*')
        {
            sign[i][1][0]=0;
            for(int kk=0;kk≤k;kk++)
            {
                sign[i][1][kk+1]=0;
                if(sign[i-1][1][kk])
                {
                    sign[i][1][kk+1]=1;
                }
            }
        }
        else if(grid[i][1]=='#')
        {
            for(int kk=0;kk≤k;kk++)
            {
```

```
                    sign[i][1][kk] = 0;
                    if( sign[i-1][1][kk] )
                            sign[i][1][kk] = 1;
                }
            }
            else
            {
                for( int kk = 0;kk≤k;kk + + )
                    sign[i][1][kk] = 0;
            }
        }
        for( int i = 2;i≤m;i + + )
        {
            if( grid[1][i] = = '*' )
            {
                sign[1][i][0] = 0;
                for( int kk = 0;kk≤k;kk + + )
                {
                    sign[1][i][kk + 1] = 0;
                    if( sign[1][i-1][kk] )
                    {
                        sign[1][i][kk + 1] = 1;
                    }
                }
            }
            else if( grid[1][i] = = '#' )
            {
                for( int kk = 0;kk≤k;kk + + )
                {
                    sign[1][i][kk] = 0;
                    if( sign[1][i-1][kk] )
                        sign[1][i][kk] = 1;
                }
            }
```

```
                    else
                    {
                        for( int kk =0;kk≤k;kk + + )
                            sign[ 1 ][ i ][ kk ] =0;
                    }
            }
    }
    void dp( void )
    {
        for( int i =2;i≤n;i + + )
        {
            for( int j =2;j≤m;j + + )
            {
                if( grid[ i ][ j ] = = '*' )
                {
                    sign[ i ][ j ][ 0 ] =0;
                    for( int kk =0;kk < k;kk + + )
                    {
                        sign[ i ][ j ][ kk +1 ] =0;
                        if( sign[ i −1 ][ j ][ kk ]||sign[ i ][ j −1 ][ kk ] )
                        {
                            sign[ i ][ j ][ kk +1 ] = true;
                        }
                    }
                }
                else if( grid[ i ][ j ] = = '#' )
                {
                    for( int kk =0;kk≤k;kk + + )
                    {
                        sign[ i ][ j ][ kk ] =0;
                        if( sign[ i −1 ][ j ][ kk ]||sign[ i ][ j −1 ][ kk ] )
                        {
                            sign[ i ][ j ][ kk ] = true;
                        }
                    }
```

```
                    }
                }
                else
                {
                    for(int kk = 0;kk≤k;kk + +)
                        sign[i][j][kk] = 0;
                }
            }
        }
    }
}
int main()
{
    while(scanf("%d%d%d",&n,&m,&k)! = EOF)
    {
        for(int i = 1;i≤n;i + +)
        {
            scanf("%s",grid[i] +1);
        }
        if (grid[1][1] = = '&')
        {
            printf(" -1\n");
            continue;
        }
        init();
        dp();
        int i = k;
        for( ;i > =0;i - -)
        {
            if(sign[n][m][i])
            {
                printf("%d\n",i);
                break;
            }
```

```
            }
            if(i<0)printf("-1\n");
    }
    return 0;
}
```

3209 Cousin

问题描述

如果两个字符串通过各减去不多于自身长度一半的字母成为一样的字符串,那么这两个字符串叫做兄弟. 例如"abcdef"和"axcyd","abcdef"减去"bef"变成"acd","axcyd"减去"xy"变成"acd",所以"abcdef"和"axcyd"是兄弟. 规定两个字符串是 $n+1$ 辈兄弟:如果字符串 c 和 d 是 $n+1$ 辈兄弟:如果存在一个字符串 e 和 c 是兄弟,并且和 d 是 n 辈兄弟,那么 c 和 d 是 $n+1$ 辈兄弟.

给出两个字符串,找出两个字符串最少可以是几辈兄弟.

☞ 输入

每组测试数据都是两个长度不大于 100 的字符串,并且两个"0"表示截止符号.

☞ 输出

输出可能的最小的兄弟辈数. 如果不存在任何一个 n 满足题意,那么输出"not related".

☞ 样例输入

a
b
abb
baa
abcdef
axcyd
0
0

☞ 样例输出

2
2

1

思路引导

(1) 要让两个字符串变得相关联和特定的字母相关,但是增加或者减少字母都是随意的,没有限制,那么题目的主要矛盾点就在字符串的长度上.

(2) 一个字符串 a 如果和另一个字符串 b 要发生联系,那么必须找到与 a 和 b 都有关系的 c 字符串,恰巧这种构造方法不是要把 a 中的字母增多或者减少就是把 b 中的字母增多或者减少.

(3) 有关系的字符串,自然能够变成相同的,而无论怎么变,字母个数越多,可以加入或者减少之后变成同串的字母就越多.所以要保留最起码的最长公共子序列.

(4) 如果一个新的字符串 s 要和原要求字符串 c 和 d 有关系,那么新字符串 s 中除了最长公共子序列如果还有字母位置,必须要有些不在最长公共子序列里的 c 或者 d 里的元素.

解题报告

利用最长公共子序列的方法求出两个字符串的最长公共子序列 lcs,用 mn[i][j][0/1] 分别表示两个字符串到达一个新构成的含有 lcs 个公共元素,含有 i 个 c 字符串,j 个 d 字符串的最小的兄弟辈数,那么只要枚举所有不同 $i\backslash j$ 即可得解.

```
#include <stdio.h>
#define MAX (1<<29)
#include <string.h>
#define N 110
#define Max(a,b) ((a)>(b)?(a):(b))
int mn[N][N][2];
int lcs[N][N];
char s[3][N];
int size[2];
int main()
{
    while(scanf("%s%s",s[0]+1,s[1]+1)!=EOF)
    {
        if(strcmp(s[0]+1,"0")==0&&strcmp(s[1]+1,"0")==0)
            break;
        if(strlen(s[0]+1)>strlen(s[1]+1))
        {
```

```
            strcpy(s[2]+1,s[1]+1);
            strcpy(s[1]+1,s[0]+1);
            strcpy(s[0]+1,s[2]+1);
    }
    for(int i=0;i<2;i++)
        size[i] = strlen(s[i]+1);
    for(int i=0;i≤size[0];i++)
        lcs[i][0] = 0;
    for(int j=0;j≤size[1];j++)
        lcs[0][j] = 0;
    for(int i=1;i≤size[0];i++)
        for(int j=1;j≤size[1];j++)
        {
            lcs[i][j] = Max(lcs[i][j-1],lcs[i-1][j]);
            if(s[0][i]==s[1][j])
            {
                lcs[i][j] = lcs[i-1][j-1]+1;
            }
        }
    int lcss = lcs[size[0]][size[1]];
    int big = Max(size[0],size[1]);
    for(int i=0;i≤big;i++)
        for(int j=0;j≤big;j++)
            for(int k=0;k<2;k++)
                mn[i][j][k] = MAX;
    mn[size[0]-lcss][0][0] = 0;
    mn[size[1]-lcss][0][1] = 0;
    for(int i=size[0]-lcss;i>=0;i--)
        for(int j=0;j≤size[1]-lcss;j++)
        {
            if(mn[i][j][0]>7)continue;
            int lim = (i+lcss+j)/2;
            for(int k=0;k≤lim&&k≤i;k++)
            {
```

```
            int swb = i + lcss + j − k;
            for( int ss = 0;ss⩽swb&&ss + j⩽size[1] − lcss;ss + + )
            {
                if( mn[i − k][j + ss][0] > mn[i][j][0] +1)
                {
                    mn[i − k][j + ss][0] = mn[i][j][0] +1;
                }
            }
        }
    }
for( int i = size[1] − lcss;i > = 0;i − − )
    for( int j = 0;j⩽size[0] − lcss;j + + )
    {
        if( mn[i][j][1] > 8)continue;
        int lim = (i + lcss + j)/2;
        for( int k = 0;k⩽lim&&k⩽i;k + + )
        {
            int swb = i − k + j + lcss;
            for( int ss = 0;ss⩽swb&&ss + j⩽size[0] − lcss;ss + + )
            {
                if( mn[i − k][j + ss][1] > mn[i][j][1] +1)
                {
                    mn[i − k][j + ss][1] = mn[i][j][1] +1;
                }
            }
        }
    }
}
int mnmn = MAX;
for( int i = 0;i⩽size[0] − lcss;i + + )
    for( int j = 0;j⩽size[1] − lcss;j + + )
    {
        int tm = mn[i][j][0] + mn[j][i][1];
        if( tm < mnmn)
            mnmn = tm;
```

```
    }
    if( mnmn == 0 )
        mnmn = 1;
    printf("%d\n",mnmn);
  }
  return 0;
}
```

3210 书架

问题描述

Tom 有很多书,所以准备重新做个书架,书架分为三层,那么 Tom 会把书分为非空的三份,设 S_j 是第 j 层放置的书的集合,h_i 是 i 号书高度,t_i 是 i 号书的厚度,求 $(\sum_{j=1}^{3}\max_{i\in S_j}h_i)$、$(\max\sum_{j=1}^{3}\sum_{i\in S_j}t_i)$ 的最小值(书架的总面积)。

输入

首先给出一个整数,说明有几组数据,接下来每组数据先给出 N,$3 \leq N \leq 70$,N 是书的本书,下面 N 行每行两个整数 h_i,t_i($150 \leq h_i \leq 300$ 且 $5 \leq t_i \leq 30$)(单位:mm),表示 i 号书的高度和厚度。

输出

对于每组测试样例,都要输出一个可以容下所有书的最小的面积,单位:mm^2.

样例输入

```
2
4
220 29
195 20
200 9
180 30
6
256 20
255 30
```

254 15
253 20
252 15
251 9

☞样例输出
18000
29796

思路引导

(1) 三层书架,要知道每层的高度和最宽层的宽度.
(2) 最高的一本书一定在某一层并且作为该层的高度.
(3) 如果已知两层的宽度,那么剩下一层的宽度很容易控制.
(4) 题目中各个变量的范围和时间限制.

解题报告

按照高度降序将书排序,用一个数组 dp[i][j] 表示枚举到当前的书时,前两层的宽度分别为 i,j 时,总高度的最小值,这样只有在新安排在某层的第一本时改变高度,加上整个书的高度即可.要将最后只要枚举所有的宽度的组合,求出满足题意的最小的总面积即可.

```
#include <stdio.h>
#include <stdlib.h>
#include <algorithm>
#define N 71
#define M 31
#define MAX (1<<29)
#define Max(a,b) ((a)>(b)?(a):(b))
struct Book
{
    int w,h;
}book[N];

int n;
int dp[N*M][N*M];
bool cmp(Book a,Book b)
{
```

```
        if( a. h < b. h)
            return 0;
        else if( a. h > b. h)
            return 1;
        if( a. w < b. w)
            return 1;
        return 0;
}
int main( )
{
    int test;
    scanf( "%d" ,&test);
    while( test - -)
    {
        scanf( "%d" ,&n);
        int sum = 0;
        for( int i = 1;i≤n;i + +)
        {
            scanf( "%d %d" ,&book[i]. h,&book[i]. w);
            sum + = book[i]. w;
        }
        std::sort( book + 1, book + n + 1, cmp);
        for( int j = 0;j≤sum;j + +)
            for( int k = 0;k≤sum;k + +)
            {
                dp[j][k] = MAX;
            }
        dp[0][0] = 0;
        int lim = 0;
        for( int i = 2;i≤n;i + +)
        {
            for( int j = lim;j > = 0;j - -)
                for( int k = lim;k > = 0;k - -)
                {
```

```
            if( lim - j - k < 0)
                continue;
            if( dp[j][k] = = MAX) continue;
            int a = 0;
            if( j = =0)
                a = book[i].h;
            if( dp[j][k] + a < dp[j+book[i].w][k])
                dp[j+book[i].w][k] = dp[j][k] + a;
            a = 0;
            if( k = =0)
                a = book[i].h;
            if( dp[j][k] + a < dp[j][k+book[i].w])
                dp[j][k+book[i].w] = dp[j][k] + a;
        }
        lim += book[i].w;
    }
    int mnmn = MAX;
    for( int j = 1;j≤lim;j + +)
        for( int k = 1;k≤lim;k + +)
        {
            if( dp[j][k] = = MAX) continue;
            if( sum - j - k ≤0) continue;
            int tt = j > k? j:k;
            int maxw = Max( tt,sum - j - k );
            int temp = maxw * ( dp[j][k] + book[1].h);
            if( temp < mnmn )
            {
                mnmn = temp;
            }
        }
    printf( "%d\n" ,mnmn );
}
return 0;
}
```

第4章 高级数据结构

4.1 并查集

4101 宗教信仰

问题描述

世界上有许多不同的宗教,现在有一个你感兴趣的问题:找出多少不同的宗教,在你的大学中的大学生信仰了多少种不同的宗教.你知道在你的大学有 n 个学生($0 < n \leq 50\,000$).若直接问每一个学生的宗教信仰不大适合.此外,许多学生还不太愿意说出自己的信仰.有一种方法来避免这个问题,询问 $m(0 \leq m \leq n(n-1)/2)$ 对学生,询问他们是否信仰同一个宗教(比如,可以询问他们是否都参加同一教堂).从这个数据,你可能不知道每个人宗教信仰,但是你可以知道有多少种宗教.假设每名学生最多信仰一个宗教.

输入

输入包含多组测试数据.每组测试数据的开头包含两个整数 n 和 m.接下来有 m 行,每行有两个整数 i 和 j,编号为 i 和 j 的同学信仰同一个宗教.学生的编号从 1 开始到 n.当输入使 $n=0, m=0$,标志输入的结束.

输出

每组测试数据的输出只有一行,包含数据的组别(从 1 开始)和学生最多信仰的宗教数.

样例输入

10 9
1 2
1 3
1 4
1 5
1 6
1 7

第4章 高级数据结构

```
1 8
1 9
1 10
10 4
2 3
4 5
4 8
5 8
0 0
```

☞样例输出

　　Case 1：1

　　Case 2：7

思路引导

（1）本题可视为已知点的关联关系，依照关联关系会将所有点划分成不同点集群，求解最终集群数量的问题。

（2）未在输入中出现编号的人，可将其视为各自拥有不同的宗教信仰，以保证集群数量最大，这是本题需考虑的一个关键点。

解题报告

　　这是一道并查集的基础题，只要掌握并查集的基本概念就能轻松解题了，解题中将每个人抽象为节点来讨论。具体解题步骤如下：

　　Step1：首先将每个节点视为根节点，初始化是每个节点的父节点都是本身。

　　Step2：如果要使不同的宗教信仰是最多的，就假设初始时每个人的宗教信仰不同，那么最大宗教信仰数目 sum 就是人数了，即 sum = n。

　　Step3：设输入一对宗教信仰相同的人，并且这对人当前属于不同集合，则最大宗教信仰数 sum 减 1。

　　Step4：当所有的输入都结束后，sum 的值就是问题答案了。

```
#include <stdio.h>
int f[50005],sum;
int find(int x)
{
    if(f[x]!=x)
```

```c
        f[x] = find(f[x]);
    return f[x];
}
void make(int a, int b)//并查集的并操作函数
{
    int f1 = find(a);
    int f2 = find(b);
    if(f1 != f2)
    {
        f[f2] = f1;
        sum--;//若a与b属于不同的集群,则最大集群数减1
    }
}
int main()
{
    int n, m, p = 1, i;
    while(scanf("%d%d", &n, &m) != EOF)
    {
        if(n == 0 && m == 0) break;
        for(i = 1; i <= n; i++)
            f[i] = i;
        sum = n;
        for(i = 1; i <= m; i++)
        {
            int a, b;
            scanf("%d%d", &a, &b);
            make(a, b);
        }
        printf("Case %d: %d\n", p++, sum);
    }
}
```

4102 无线网络

问题描述

一场地震在东南亚发生了. 不幸的是 ACM 组织通过计算机建立的无线网络遭到了毁灭性的影响——网络中所有计算机都损坏了. 在陆续维修计算机之后, 无线网络有逐渐开始再一次运作了. 由于硬件的制约, 每两台计算机只能保持不超过 d m 的距离, 才可以直接进行通信. 但是每台计算机又可以作为其他两台计算机通信的中介点. 也就是说, 假设 A 计算机与 B 计算机不在能直接通信的范围内, 但是它们可以同时能与 A 和 B 计算机通信的 C 计算机建立间接通信关系.

在维修过程中, 维修者可以进行两种操作: 维修一台计算机或者检测两台计算机之间是否能够通信. 你的任务就是解答每一次的检测操作.

输入

第一行包含两个整数 N 和 d ($1 \leq N \leq 1\,001, 0 \leq d \leq 20\,000$). 其中 N 表示计算机的数量, 计算机编号从 1 开始到 N; d 为两台能直接通信的计算机所需保持的距离的最大值. 在接下来的 N 行里, 每行包含两个整数 x_i, y_i ($0 \leq x_i, y_i \leq 10\,000$), 表示 N 台计算机的坐标. 接下来的一系列输入都表示维修者的操作, 每种操作都是以下两种中的一种:

(1) "O p" ($1 \leq p \leq N$), 表示维修第 p 台计算机.

(2) "S p q" ($1 \leq p, q \leq N$), 表示检测 p 与 q 计算机是否能够通信.

输入不会超过 300 000 行.

输出

对于每组检测操作, 若两台计算机能进行通信就输出 "SUCCESS", 否则输出 "FAIL".

样例输入

4 1
0 1
0 2
0 3
0 4
O 1
O 2
O 4
S 1 4
O 3

S 1 4

☞ **样例输出**

FAIL

SUCCESS

思路引导

(1) 本题的基本解题方法是通过并查集划分集合,根据每对点(每对计算机)的从属关系来判断点(计算机)是否连通(通信).

(2) 需根据计算机的通信范围确定每对计算机是否可以进行直接通信.

(3) 需注意的是,必须保证可以进行通信的每对计算机是完好无损的.

解题报告

本题只要能正确建图(建立计算机间是否通信的关系),再通过并查集的知识就可以解题了,注意初始时每台计算机都是损坏的.解题步骤如下:

Step1:在输入每个点的坐标后,首先根据计算机的通信范围建立每对计算机的联通关系.

Step2:当输入的操作为维修时,就将本台计算机标记为完好的,并将其与所有与其可以通信的且完好的计算机进行并操作,那么可通信的计算机都在同一棵树中,具有相同的根节点.

Step3:当输入的操作为询问时,若两台计算机具有相同的根节点,则可通信,否则不可通信.

```
#include < stdio. h >
#include < string. h >
#include < stdlib. h >
#include < math. h >
int map[1005][1005];
int mul(int x) //求平方数的函数
{
    return x * x;
}
int f[1005];
int find(int x)
{
    if(f[x]! = x)
```

```
        f[x] = find(f[x]);
        return f[x];
}
void make(int a,int b)
{
    int f1 = find(a);
    int f2 = find(b);
    if(f1! = f2)
        f[f2] = f1;
}
void check(int a,int b) //检验 a 与 b 是否连通并输出的函数
{
    int f1 = find(a);
    int f2 = find(b);
    if(f1 = = f2)
    {
        printf("SUCCESS\n");
        return ;
    }
    printf("FAIL\n");
}
int main()
{
    int n,flag[1005]; //flag 数组用于标记计算机是否完好
    double d;
    memset(map,0,sizeof(map));
    memset(flag,0,sizeof(flag));
    scanf("%d%lf",&n,&d);
    int x[1005],y[1005],i,j,k;
    for(i = 1;i≤n;i + +)
        scanf("%d%d",&x[i],&y[i]);
    for(i = 1;i≤n;i + +)
        f[i] = i;
    for(i = 1;i < n;i + +) //用两层 for 循环对可直接通信的两台计算机标记
```

```
        for(j=i+1;j≤n;j++)
            if(sqrt((double)(mul(x[i]-x[j])+mul(y[i]-y[j])))≤d)
            {
                map[i][j]=1;
                map[j][i]=1;
            }
    char s[5];
    int a,b;
    while(scanf("%s",s)!=EOF)
    {
        if(strcmp(s,"O")==0)
        {
            scanf("%d",&a);
            flag[a]=1;
            for(i=1;i≤n;i++)
                if(map[i][a]&&flag[i])
                    make(a,i);    //将可直接通信的并且完好的计算机合并为同一个集合
        }
        else
        {
            scanf("%d%d",&a,&b);
            check(a,b);    //判断并输出结果
        }
    }
}
```

4103 感染者

问题描述

2003年3月,SARS病毒疯狂的席卷了全球.为了降低被感染的可能性,最好的办法就是将感染者隔离.

在 NSYSU 大学,有许多学生社团.同一个学生社团中的人会频繁的接触,而一个学生可能会加入很多个团体.为了防止 SARS 的传播,NSYSU 搜集了所有学生社团的名单.只要社

团中有一个人被感染,那么社团中的每一个人都将被感染.可是,每当出现一个感染者,要确定每一个人是否被感染确实很困难的.你能否写一个程序找出所有的受感染的?

☞ **输入**

输入包含多组数组.每组测试数据首先包含两个整数 n 和 m,其中 n 表示学生的数目 $(0 < n \leq 30\,000)$;m 表示社团的数目 $(0 \leq m \leq 500)$.每个学生都有一个唯一的编号,编号取值为 0 到 $n-1$,编号为 0 的学生是所有学生的中最初的唯一感染者.接下来有 m 个社团的名单,每个社团的名单在输入中为一行.每一行先输入一个数 k 表示社团总人数.接着是社团中 k 个成员的编号.

当输入使 $n = 0$ 且 $m = 0$ 时,输入结束.

☞ **输出**

每组测试数据输出一个数,占一行,表示被感染的总人数.

☞ **样例输入**

100 4
2 1 2
5 10 13 11 12 14
2 0 1
2 99 2
200 2
1 5
5 1 2 3 4 5
1 0
0 0

☞ **样例输出**

4
1
1

思路引导

(1)需掌握的是运用并查集划分集合的同时记录每一个集合的元素个数.

(2)需注意的是,本题中编号为 0 的人是已被感染的,所以被感染的人数至少有一个.

(3)如果合并集合时将元素少的集合合并到元素多的集合中,就可以优化程序.

解题报告

解题之前,首先来巩固一下并查集的概念.对于一些有联系的节点通过并查集的并操作将把这些节点连接形成一棵树或一片森林.

在本题中,把每个人都是为节点,并且将记录每一棵树的节点个数,并且把节点个数记录在根节点元素上.

Step1:为了方便解题首先建立一个结构体,结构体中包含两个元素,分别记录节点的父节点以及以这个节点为根节点的树的节点数目;初始化时每个节点视为一棵独立的树,这棵树中的元素个数为1.

Step2:输入每对相关联的点时就进行并操作,并操作时将两棵树的节点数之和记录在合并后的树的树根上.

Step3:输入结束后,查询编号0节点的根节点,这个根节点上记录的节点数目就是所要求的结果.

```c
#include <stdio.h>
#include <string.h>
typedef struct //结构体中 pre 记录该点的父节点,num 记录集合元素个数
{
    int pre;
    int num;
}Tree;
Tree tree[30000];
int find(int x)
{
    if(tree[x].pre == x)
        return x;
    return (tree[x].pre = find(tree[x].pre));
}
void make(int x,int y)
{
    int f1 = find(x);
    int f2 = find(y);
    if(f1 != f2)
    {
        tree[f1].num += tree[f2].num; //合并时更改集合元素总数
        tree[f2].pre = f1;
    }
}
```

```
}
int main( )
{
    int m,n,i,j,k;
    while(scanf("%d%d",&n,&m)!=EOF)
    {
        if(n==0&&m==0)break;
        for(i=0;i<n;i++)
        {
            tree[i].pre=i;
            tree[i].num=1;    //初始化时,每个元素作为一个集合,其元素个数为1
        }
        while(m--)
        {
            scanf("%d",&k);
            int a,b;
            scanf("%d",&a);
            for(i=1;i<k;i++)
            {
                scanf("%d",&b);
                make(a,b);
            }
        }
        int t=find(0);    //找到包含0元素的集合的根节点
        printf("%d\n",tree[t].num);
    }
}
```

4104 这是一棵树吗

问题描述

树是一种同学们都不陌生的数据结构,它有可能是一棵空树或是一些满足要求的节点连接而成的有向边的集合.

一棵树只有一个根节点,根节点没有指向它的边.
除了根节点的每一个节点都只有一条边指向它.
出现环的图都不是树,例如,下图中只有前两个图是一棵树,而第三个图不是.

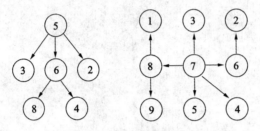

在本题中,你将对一些节点连接而成的有向边的集合进行判定,判定每一组的输入数据构成的图是否是一棵树.

☞ **输入**

每输入一对都为 0 的数时,表示一组数据输入完毕.每条边由一对正整数表示,第一个数为有向边的起始边,第二个数为有向边的终止点.一对负数的输入就表示输入的结束.

☞ **输出**

每组测试数据输出一行判定结果,若输入的图为树,则输出"Case k is a tree.",否则输出"Case k is not a tree." 其中 k 表示每组数据的编号(编号从 1 开始).

☞ **样例输入**

```
6 8  5 3  5 2  6 4
5 6  0 0

8 1  7 3  6 2  8 9  7 5
7 4  7 8  7 6  0 0

3 8  6 8  6 4
5 3  5 6  5 2  0 0
-1 -1
```

☞ **样例输出**

Case 1 is a tree.
Case 2 is a tree.
Case 3 is not a tree.

第4章 高级数据结构

思路引导

(1)要了解树这种特殊的图的定义和特点.
(2)根据并查集的特点,运用并查集可以判定一个图是否为树.

解题报告

根据树的定义与特点,需考虑的情况有:树中节点至多只能有一个父节点;树中不能出现环;构成的图只能有一个根节点,否则构成的将是森林而不是一棵树.

通过观察输入、输出可知,题中编号是随机的,所以在编程中要对出现的点标记才能判断.

Step1:对每对输入的根节点标记表示这些节点出现过并进行并操作.并操作时两个节点不能有相同的根节点否则将构成环;假设 b 节点要接到 a 上,则要保证 b 节点是一个根节点,否则若进行并操作 b 将会有两个父节点;若无以上情况,则可以合并两棵树.

Step2:每组数据输入结束后要计算整个图中的根节点总数,若根节点总数不为1,则构成的图不是一棵树.

Step3:根据以上的判断就可以输出结果了,每组结果输出后注意要初始化数据.

```c
#include <stdio.h>
#include <stdlib.h>
#include <string.h>
int f[1000000],flag[1000000]; //f 数组标记节点的父节点,flag 数组标记出现在输入的编号
int find(int x)
{
    if(x! =f[x])
        f[x] =find(f[x]);
    return f[x];
}
int make(int a,int b) //make 函数并操作时出现错误就返回1,正确返回0
{
    int f1 =find(a);
    int f2 =find(b);
    if(f2! =b) //b 连接在 a 上,则要保证 b 是个根节点,否则 b 将有两个父节点
        return 1;
    if(f1 = =f2) //如果 a,b 在同一棵树中,若再进行并操作就会产生环
        return 1;
```

```c
        else
            f[f2] = f1;  //若无以上情况,则可以合并两棵树
    return 0;
}
int main()
{
    int a,b,key = 0,p = 1,i,max = 0,t = 0;
    for(i = 1;i≤999999;i + + )
        f[i] = i;
    memset(flag,0,sizeof(flag));
    while(1)
    {
        scanf("%d%d",&a,&b);
        if(a > max)max = a;
        if(b > max)max = b;
        if(a≤ -1&&b≤ -1)break;
        if(a = = 0&&b = = 0)  //若a,b同时为0,则一组数据输入完毕,进行判断
        {
            for(i = 1;i≤max;i + + )  //计算树根的数量是否大于或等于2
            {
                if(flag[i] = = 1&&f[i] = = i)
                    t + + ;
                if(t > = 2)break;
            }
            if(key > 0||t > = 2)
                printf("Case %d is not a tree.\n",p + + );
            else
                printf("Case %d is a tree.\n",p + + );
            for(i = 1;i≤999999;i + + )  //输出结束则初始化变量
                f[i] = i;
            key = 0;t = 0;max = 0;
            memset(flag,0,sizeof(flag));
            continue;
        }
```

```
        flag[a] = 1;flag[b] = 1; //对输入的编号标记
        key + = make(a,b); //若出现不合法的情况,key 的值会大于0
    }
}
```

4105 苗条树

问题描述

给定一个无向有权图,让你找到一种如下叙述的子图.

一棵生成树 T(一个连通无环子图)将用 $n-1$ 条边连接原图的所有的 n 个顶点. 若生成树 T 的苗条值(最大边与最小边的差值)在所有的生成树 T 中是最小的,则这样的生成树称之为苗条树.

例如,下图中的图 G 有四个顶点 $\{v_1,v_2,v_3,v_4\}$ 和五条无向边 $\{e_1,e_2,e_3,e_4,e_5\}$. 每条边的权值分别为 $w(e_1) = 3, w(e_2) = 5, w(e_3) = 6, w(e_4) = 6, w(e_5) = 7.$

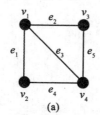
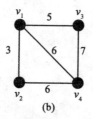

图 G 和每条边的权值

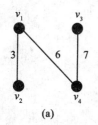
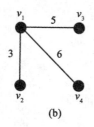
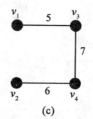
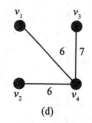

图 G 的几个生成树

图 G 有许多生产树,上图就是其中的四个. 它们的苗条值分别为 4,3,2,1,而且在所有的生成树中不可能产生比 1 更小的苗条值,所以上图中(d)就是一棵苗条树.

☞ 输入

输入包含多组测试数据,每组测试数据先输入两个非负整数顶点数 n 和边数 m,且 $2 \leq n \leq 100, 0 \leq m \leq n$(若输入为两个 0,则表示输入结束).接下来有 m 行每行有三个数 a_k, b_k, w_k,其中 a_k, b_k 分别表示第 k 条边的两个端点的编号, w_k 为第 k 条边的权值($1 \leq w_k \leq 10\,000$).输入保证图 G 是一个简单图,简单图没有自环(自身到自身的边),没有平行边(同样的两个端点间有两条或两条以上的边).

☞ 输出

如果输入的图 G 的生成树中存在苗条树,则输出它的苗条值;若不存在,则输出"-1".

☞ 样例输入

```
4 5
1 2 3
1 3 5
1 4 6
2 4 6
3 4 7
4 6
1 2 10
1 3 100
1 4 90
2 3 20
2 4 80
3 4 40
2 1
1 2 1
3 0
3 1
1 2 1
3 3
1 2 2
2 3 5
1 3 6
```

第4章 高级数据结构

```
5 10
1 2 110
1 3 120
1 4 130
1 5 120
2 3 110
2 4 120
2 5 130
3 4 120
3 5 110
4 5 120
5 10
1 2 9384
1 3 887
1 4 2778
1 5 6916
2 3 7794
2 4 8336
2 5 5387
3 4 493
3 5 6650
4 5 1422
5 8
1 2 1
2 3 100
3 4 100
4 5 100
1 5 50
2 5 50
3 5 50
4 1 150
0 0
```

☞ **样例输出**
1
20
0
-1
-1
1
0
1686
50

✍ **思路引导**

(1)首先要掌握最小生成树的概念与Kruskal算法的应用.

(2)考虑要使生成树的最大、最小边差值最小,那么这样的生成树与最小生成树是否有相同的特点.

✍ **解题报告**

以确定的一条边为最小边生成最小生成树,这样的最小生成树中的最大边一定是所有生成树的最大边中最小的;通过运用Kruskal算法可以用枚举的方法解题.其中并查集在Kruskal算法中的应用可谓是最完美的.(当然本题中用Kruskal算法求解最小生成树比用Prim算法更为简便)

Step1:首先对输入的边进行从小到大的排序.

Step2:运用Kruskal算法,枚举以每条边为最小边生成最小生成树,并计算这样的生成树的最大最小边的差值.

Step3:枚举完所有的情况,即可求解出所要求的最差值.

```
#include <stdio.h>
#include <stdlib.h>
using namespace std;
int f[105],n,m;
typedef struct
{
        int x;
        int y;
```

```
    int len;   //edge 中 x,y 分别表示边的端点,len 为边的长度
}Edge;
Edge edge[10005];
int find(int x)
{
    if(f[x]!=x)
        return f[x]=find(f[x]);
    return x;
}
int cmp(const void *a,const void *b)
{
    return ((Edge *)a)->len>((Edge *)b)->len?1:-1;
}
int kruskal(int start)   //kruskal 函数传入的参数是边的编号
{                        //返回值为以编号 start 为最小边的最
                         //小边生成树的最大、最小边的差值
    int cnt=0;
    for(int i=1;i<=n;i++)
        f[i]=i;
    for(int i=start;i<m;i++)
    {
        int f1=find(edge[i].x);
        int f2=find(edge[i].y);
        if(f1!=f2)
        {
            f[f1]=f2;
            cnt++;
        }
        if(cnt==n-1)
            return edge[i].len-edge[start].len;
    }
    return 100000000;
}
int main()
```

```
    while(scanf("%d%d",&n,&m)!=EOF)
    {
        if(n==0&&m==0)break;
        int i;
        for(i=0;i<m;i++)
            scanf("%d%d%d",&edge[i].x,&edge[i].y,&edge[i].len);
        qsort(edge,m,sizeof(edge[0]),cmp);
        int ans=100000000;
        for(i=0;i≤m-n+1;i++) //枚举最小边,寻求最大最小边的差值
        {
            int k=kruskal(i);
            if(k<ans)ans=k;
        }
        if(ans==100000000)ans=-1;
        printf("%d\n",ans);
    }
}
```

4106 垃圾邮件过滤器

问题描述

识别垃圾有两个步骤:
(1)从所有收到的邮件中选出有共同特征的邮件.
(2)用一个过滤器匹配在所有有共同特点的邮件中是否存在一封垃圾邮件.
我们想要立即、有效地从 N 封邮件中找到与之有共同特征的邮件集合,那么现在有一个数据分析工具挺有效的,这个工具支持两种操作:
① "$M\ X\ Y$",表示 X 与 Y 邮件有共同的特征,注意这种关系是有传递性的.
② "$S\ X$",表示 X 邮件被误判断了,这个工具会删除原先其他邮件与 X 建立的所有关系,那么 X 在关系图中就成了一个孤立点.
最初所有的邮件之间都没有建立关系,所以不同的特征共有 N 种.

第4章 高级数据结构

☞ 输入

输入包含多组测试数据. 每组测试数据的开始包含两个正整数 N 和 $M(1 \leqslant N \leqslant 10^5, 1 \leqslant M \leqslant 10^6)$. 其中 N 表示邮件的数量; M 表示操作的次数. 接下来有 M 行, 每行有一个操作, 操作的输入模式如上①、②表示. 当输入数据使得 $N=0, M=0$ 表示输入结束.

☞ 输出

每组测试数据输出包含一个整数, 表示所有邮件的不同的特征数. 具体输出格式如下.

☞ 样例输入

5 6
M 0 1
M 1 2
M 1 3
S 1
M 1 2
S 3

3 1
M 1 2

0 0

☞ 样例输出

Case #1: 3
Case #2: 2

思路引导

(1) 本题显然需要将邮件抽象为节点, 并通过并查集来关联所有的节点, 而误操作的点要从原来的树中删除, 而解题的关键就在于如何合理的删点.

(2) 需考虑如何删点可以不影响原来这个点所在的树的结构.

(3) 要求解邮件的种类, 即求构成的树的棵数, 还要寻求合理记录棵树的方法.

解题报告

要使节点删除后不影响原来的树的结构, 可以将每个点映射到另一个点, 而删点可以将删除的点映射到一个新的编号, 此后对此点的操作都转化为对映射的点的操作, 并把映射的点作为新的独立的根节点, 这样不影响该点所在原来的树的结构.

可以记录每一棵树的节点个数, 只有树的节点个数大于 0, 这样的树就是一棵树.

Step1：首先需要一个数组来记录每个节点映射的点，初始化时每个点都映射到本身．

Step2：接着对每对输入的需并操作的点的映射的点进行并操作，并且将其中一个根节点记录的节点数赋0，另一个为新的根节点，它的节点总数也需更新．

Step3：遇到需删除的点时，首先找到这个点所在树的根节点，让根节点记录的节点数自减1，将这个节点映射到一个新的节点（编号大于 n 的节点），并初始化新节点的数据．

Step4：遍历所有点，若节点记录的节点数大于0，就让计数器自增1，最后计数器的数值就是所求的答案．

```cpp
#include <iostream>
using namespace std;
int f[1000005],v[1000005],sonnum[1000005],n,m;
int find(int x)
{                        /*f数组记录节点的父节点，v数组记录节点映射点的编号，sonnum数组记录以某点为根节点的树的元素个数 */
    if(f[x]!=x)
        return f[x]=find(f[x]);
    return x;
}
void make(int a,int b)
{
    int f1=find(a);
    int f2=find(b);
    if(f1!=f2)
    {
        f[f1]=f2;
        sonnum[f2]+=sonnum[f1];  //并操作同时更新记录根结所在树的元素个数
        sonnum[f1]=0;
    }
}
int main()
{
    int p=1;
    while(scanf("%d%d",&n,&m)!=EOF)
    {
```

```
if(n==0&&m==0)break;
int i,j,num=n;
for(i=0;i<n;i++)
{
    f[i]=i;
    v[i]=i;  //初始化是每个节点映射的节点为本身
    sonnum[i]=1;
}
while(m--)
{
    char ch;
    getchar();
    scanf("%c",&ch);
    if(ch=='M')
    {
        int a,b;
        scanf("%d%d",&a,&b);
        make(v[a],v[b]);  //对节点映射的点进行并操作
    }
    else if(ch=='S')
    {
        int a;
        scanf("%d",&a);
        int root=find(v[a]);
        sonnum[root]--;  //删点同时让该点所在树的元素个数自减1
        v[a]=num++;      //将a映射到num
        f[v[a]]=v[a];
        sonnum[v[a]]=1;
    }
}
int ans=0;
for(i=0;i<num;i++)
    if(sonnum[i]>0)  //元素个数大于0的树为独立的一棵树
        ans++;
```

```
            printf("Case #%d: %d\n", p++, ans);
    }
}
```

4107 特殊的飞蛾

问题描述

Hopper 教授是研究某种飞蛾性行为的专家. 他的研究表明这种飞蛾只会与异性存在性关系. 但是是否存在某些特殊的飞蛾会与同性的飞蛾发生性关系, 即存在飞蛾同性恋的情况呢？现在的问题是给出一个飞蛾的关系表, 能否判定是否存在同性恋的特殊飞蛾？

输入

第一行输入一个整数表示测试数据的组别数量. 每组测试数据的开始给出两个数, 分别表示飞蛾的数量 (飞蛾最多有 2 000 只) 和飞蛾关系的数量 (关系最多有 1 000 000 个), 接下来的每行都输入两个数表示这两个编号的飞蛾存在性关系. 飞蛾的编号是从 1 开始的.

输出

每组测试数据输出首先包含一行包含"Scenario #i:". 其中 i 表示数据的组别编号 (编号从 1 开始), 接下来当不存在特殊飞蛾时输出"No suspicious bugs found!", 存在特殊飞蛾则输出"Suspicious bugs found!", 同时表明 Hopper 教授的研究有误.

样例输入

```
2
3 3
1 2
2 3
1 3
4 2
1 2
3 4
```

样例输出

```
Scenario #1:
Suspicious bugs found!

Scenario #2:
```

No suspicious bugs found!

思路引导

(1) 需寻求表示题中两种关系(同异性)的方法.

(2) 运用并查集进行并查操作的同时需考虑如何更新记录新的关系.

解题报告

本题可以将每个个体都看做节点,用0、1分别标记表示某一个节点与树根的同、异性关系,运用对二取余的操作可以保证参与标记的数字一定是0或1. 已知输入的两个节点是异性关系,那么如果这两个节点已经在同一棵树中,并且由它们各自和树根的关系可以判断当前输入与之前已确立的关系是否相悖,由此就可以给出最终的解答. 程序中可以用一个全局判定标记量来标记在输入过程中是否出现不合法情况.

Step1:解题前首先要确定用某种方式来表示节点与根节点的关系.

Step2:可以先认为每个节点都是树根且都与自身同性,据此初始化标记变量.

Step3:对每组输入数据进行处理. 当输入的两个节点属于同一棵树,并且根据这两个节点与根节点的关系判断两个节点的同异性关系. 若与输入相悖,则存在特殊飞蛾,且相应改全局判定变标记量.

Step4:根据全局判定标记量相应输出结果.

```
#include < stdio. h >
#include < string. h >
#include < stdlib. h >
int f[2005],ca,n,m,c[2005],key;  //f 数组用于记录节点的父节点编号
int find( int x)                //c 数组用于标记节点与树根的同异性关系
{
    if( f[ x] = = x)return x;
    int t = f[ x] ;
    f[ x] = find( f[ x] ) ;
    c[ x] = ( c[ x] + c[ t] )%2;  //路径压缩同时更新节点与树根节点的同异性关系
    return f[ x] ;
}
void make( int a,int b)
{
    int f1 = find( a) ;
    int f2 = find( b) ;
```

```c
        if(f1!=f2)
        {
            f[f1]=f2;
            if((c[a]+c[b])%2==0)   //并操作时确立两个树根的同异性关系
                c[f1]=1;           //初始化时 c 数组已全部赋为 0,故此处只做赋 1 的操作
        }
        else
        {
            if((c[b]+c[a])%2==0)
                key=0;             //出现同性恋时将全局标记变量赋 0
        }
        return ;
}
int main()
{
    int p=1,i,j,k;
    scanf("%d",&ca);
    while(ca--)
    {
        key=1;                     //全局标记变量初始化
        scanf("%d%d",&n,&m);
        memset(c,0,sizeof(c));     //c 数组初始化赋值 0
        for(i=1;i<=n;i++)
            f[i]=i;
        for(i=1;i<=m;i++)
        {
            int a,b;
            scanf("%d%d",&a,&b);
            make(a,b);
        }
        printf("Scenario #%d:\n",p++);
        if(!key)
        {
            printf("Suspicious bugs found!\n\n");
```

```
            continue;
        }
        printf("No suspicious bugs found! \n\n");
    }
}
```

4108　缉拿犯人

问题描述

某市的公安局决定要将该市的两个犯罪集团连根拔起:一个是神龙帮;另一个是灵蛇帮.目前的问题是,给你两个罪犯,判断他们各自属于哪一个帮派.你只能根据你已经知道的不完整的信息来判定.

假设该市有 $N(N \leq 10^5)$ 个罪犯,编号是从 1 到 N 的,当然,他们中不是神龙帮的就是灵蛇帮的.你将得到关于他们的 $M(M \leq 10^5)$ 条信息.信息的给出有如下两种:

(1) D a b.

a,b 表示两个罪犯的编号,并且他们属于不同的帮派.

(2) A a b.

a,b 表示两个罪犯的编号.这条信息是向你询问这两个罪犯是否属于同一个帮派的.

输入

输入的第一行有一个整数 $T(1 \leq T \leq 20)$,表示测试数据的数量.接下来是输入 T 组测试数据.每组测试数据的开始都包含两个整数 N 和 M,接着是 M 行,每行都有一条如上描述的信息.

输出

对于输入为"A a b"的数据,你的程序需根据已有的信息进行判定.判定结果是"In the same gang."(属于同一帮派),"In different gangs."(属于不同帮派),"Not sure yet."(不确定)三种结果中的一种.

样例输入

```
1
5 5
A 1 2
D 1 2
```

A 1 2
D 2 4
A 1 4

☞ **样例输出**

Not sure yet.

In different gangs.

In the same gang.

思路引导

(1) 实际上,这个问题可以简化为对两种节点进行划分的题.

(2) 理清思路后,只需仔细考虑问题输出的三种结果对应的不同的情况.

解题报告

解题的关键就是处理好并查操作时,节点之间关系的建立或更新.

以下为本题解题步骤:

Step1:解题前首先要确定用某种方式来表示节点与根节点的关系.例如,可以用 0、1 分别标记表示某一个节点与树根的同、异帮派关系.据此可以写好并查集的查找函数.

Step2:可以先认为每个节点都是树根且都与自身同帮派,据此初始化标记变量.

Step3:对每组输入数据进行处理.若两个节点的根节点不同,若输入为 A 操作,则无法确定二者的帮派是否相同;若为 D 操作,则合并两个节点所在的树且更新节点关系;若两个节点的根节点相同,则根据这两个节点与根节点的关系来判定这两个节点的关系,并给出相应的输出.

```
#include <stdio.h>
#include <string.h>
int f[100005],c[100005];
int find(int x)
{
    if(f[x]==x) return x;
    int t=f[x];
    f[x]=find(f[x]);
    c[x]=(c[x]+c[t])%2;
    return f[x];
}
```

```c
int make(char ch,int a,int b)
{
    int f1 = find(a);
    int f2 = find(b);
    if(f1! = f2)
    {
        if(ch = = 'A')return 0; //返回值为"0",表示结果不确定
        f[f1] = f2;
        if((c[a] + c[b])%2 = = 0)
            c[f1] = 1;
    }
    else
    {
        if(ch = = 'A')
        {
            if(c[a]! = c[b])return 1; //返回值为"1",表示在不同帮派
            if(c[a] = = c[b])return 2; //返回值为"2",表示在相同帮派
        }
    }
    if(ch = = 'D')return 3; //这种情况不予考虑
}
int main()
{
    int ca,i,n,m;
    scanf("%d",&ca);
    while(ca - -)
    {
        scanf("%d%d",&n,&m);
        getchar();
        for(i = 1;i≤n;i + +)
        {
            f[i] = i;
            c[i] = 0;
        }
```

```
    char ch;int a,b;
    for(i=1;i≤m;i++)
    {
        scanf("%c%d%d",&ch,&a,&b);
        getchar();
        int t=make(ch,a,b);
        if(t==0)printf("Not sure yet.\n");
        else if(t==1)printf("In different gangs.\n");
        else if(t==2)printf("In the same gang.\n");
        else continue;
    }
}
```

4109 叠箱子

问题描述

约翰和贝斯蒂在用 N ($1 \leq N \leq 30\,000$) 个箱子玩游戏,箱子的编号从 1 到 N. 约翰让贝斯蒂进行 P ($1 \leq P \leq 100\,000$) 个操作. 操作包含两种:移动和计数.

(1)若为移动操作,则输入"M X Y",约翰会让贝斯蒂把包含 X 箱子的一叠箱子叠放在包含 Y 箱子的一叠箱子之上.

(2)若为计数操作,则输入"C X",约翰会让贝斯蒂数 X 箱子之下会有几个箱子.

☞ 输入

第 1 行:输入一个整数 P 表示进行 P 次操作.

第 2 到 $P+1$ 行:每行输入一种操作,输入的格式如上描述.

注意:输入的编号是在 1 到 30 000 中任意的数,而且不会出现自身叠加在自身的情况.

☞ 输出

对于每组计数操作输出计数的结果.

☞ 样例输入

6
M 1 6
C 1

第4章 高级数据结构

M 2 4
M 2 6
C 3
C 4

☞**样例输出**

1
0
2

思路引导

(1)并查集记录的通常是节点与树根的关系,那么直接记录某箱子下的箱子数目是否容易实现呢?

(2)需考虑路径压缩时如何正确更新每个节点记录的数据.

解题报告

由于并查集记录的通常是节点与树根的关系,所以直接记录节点(箱子)其下节点(箱子)数目的方式难以实现,因此可以通过记录节点(箱子)其上节点(箱子)数目与整棵树的节点总数目间接求解.

Step1:为了便于解题,首先建立一个结构体,结构体中的元素需记录节点的父节点,节点所在树的节点总数,"叠放"在节点(箱子)之上的节点(箱子)的数目,初始化时注意正确赋值.

Step2:对每组需叠加的箱子进行并操作,并操作时注意更新节点上记录的数据.

Step3:当遇到询问操作时,先找到这个节点的根节点在由式子:(树的节点总数目)-(被询问点上面的节点数目)-1 得出答案,其中减1表示减去被问箱子本身的数目.

```
#include <stdio.h>
#include <string.h>
#include <stdlib.h>
typedef struct
{
    int parent;    //parent 记录每个节点的父节点
    int num;       //num 记录整棵树的节点总数目
    int upnum;     //upnum 记录节点(箱子)其上节点(箱子)数目
}Tree;
```

```c
Tree tree[30005];//整棵树的节点总数目是记录在根节点上
int find(int x)
{
    if(tree[x].parent = = x)return x;
    int t = tree[x].parent;
    tree[x].parent = find(tree[x].parent);
    tree[x].upnum + = tree[t].upnum;//更新每个节点其上节点数目
    return tree[x].parent;
}
void make(int a,int b)
{
    int f1 = find(a);
    int f2 = find(b);
    tree[f2].parent = f1;
    tree[f2].upnum = tree[f1].num;//合并后暂时先更新树根节点f2其上的节点数目
    tree[f1].num + = tree[f2].num;//更新整棵树的节点总数目
}
int main()
{
    int p,i,n = 30005;
    for(i = 1;i≤n;i + +)
    {
        tree[i].parent = i;
        tree[i].num = 1;
        tree[i].upnum = 0;
    }
    scanf("%d",&p);
    getchar();
    int a,b;char ch;
    for(i = 1;i≤p;i + +)
    {
        scanf("%c",&ch);
        if(ch = = 'M')
        {
```

```
            scanf("%d%d",&a,&b);
            getchar();
            make(a,b);
        }
        else
        {
            scanf("%d",&a);
            getchar();
            int root = find(a);    //找到树根,树根记录整棵树的节点总数目
            printf("%d\n",tree[root].num - tree[a].upnum - 1);
            //树的节点总数目 - 被询问点上面的节点数目 - 被询问节点本身
        }
    }
}
```

4110 食物链

问题描述

动物王国中有三类动物 A, B, C,这三类动物的食物链构成了有趣的环形. A 吃 B, B 吃 C, C 吃 A.

现有 N 个动物,以 $1 - N$ 编号. 每个动物都是 A, B, C 中的一种,但是我们并不知道它到底是哪一种. 有人用两种说法对这 N 个动物所构成的食物链关系进行描述:

第一种说法是"1 X Y",表示 X 和 Y 是同类.

第二种说法是"2 X Y",表示 X 吃 Y.

此人对 N 个动物用上述两种说法,一句接一句地说出 K 句话,这 K 句话有的是真的,有的是假的. 当一句话满足下列三条之一时,这句话就是假话,否则就是真话.

(1)当前的话与前面的某些真的话冲突,就是假话;

(2)当前的话中 X 或 Y 比 N 大,就是假话;

(3)当前的话表示 X 吃 X,就是假话.

你的任务是根据给定的 $N(1 \leqslant N \leqslant 50\,000)$ 和 K 句话$(0 \leqslant K \leqslant 100\,000)$,求输出假话的总数.

☞ **输入**

第一行是两个整数 N 和 K,以一个空格分隔.

以下 K 行每行是三个正整数 D,X,Y,两数之间用一个空格隔开,其中 D 表示说法的种类.

若 $D=1$,则表示 X 和 Y 是同类.

若 $D=2$,则表示 X 吃 Y.

☞ **输出**

只有一个整数,表示假话的数目.

☞ **样例输入**

100 7
1 101 1
2 1 2
2 2 3
2 3 3
1 1 3
2 3 1
1 5 5

☞ **样例输出**

3

思路引导

(1) 如果将动物种类减为两种,那么本题求解思路将与 4108 完全一致.

(2) 着重考虑用某种方式标记节点之间吃、同类、被吃的三种情况.

(3) 仔细考虑每种输入带来的新关系,并且予以更新.

解题报告

这道题是并查集类型题的经典题目.

具体解题步骤如下:

Step1:首先确定如何表示每个节点与根节点的关系. 比如,0 标记表示节点与根节点同类,1 标记表示节点吃根节点,-1 标记表示节点被根节点吃.

Step2:仔细考虑每种输入带来的新关系,并且予以更新.

Step3:对每组输入数据进行并操作,并且判定其是否为假话,用计数器记录假话数目. 并操作时注意:

(1) 节点编号大于 n,则为假话;

(2) 若两节点根节点不同,则无论是同类还是异类都是真话;

(3) 若根节点相同,则出现假话的情况有:二者同类,但与根节点的关系不同;二者异类,但根据节点与根节点的关系判定二者关系与输入相悖.

Step4:输出计数器记录的数字及假话的数目.

```
#include <stdio.h>
#include <string.h>
#include <stdlib.h>
int n;
int change(int x)      // find 函数中对 3 取余会产生 5 种结果,而实际三种动物只要三种
{                      // 数字就可以表示,change 函数用于这样的转换
    switch(x)
    {
        case 0: return 0;
        case 1: return 1;
        case 2: return -1;
        case -1: return -1;
        case -2: return 1;
    }
}
int c[50005],f[50005];    /* f 数组标记记录节点父节点,c 数组标记记录节点与树根的关系 */
int find(int x)
{
    if (f[x] == x) return x;
    int t;
    t = f[x];
    f[x] = find(f[x]);
    c[x] = change((c[x]+c[t])%3);    // 结果对 3 取余并用 change 函数转换
    return f[x];
}
int make(int d,int a,int b)  //make 函数返回 1 表示出现假话,0 为真话
{
    if(a>n||b>n) return 1;    //a,b 有一者大于 n 即为假话
    int f1 = find(a);
    int f2 = find(b);
    if(f1! =f2) //两者在不同树中,分为以下讨论,并且都为真话
```

```
            f[ f1 ] = f2;
            if( d = = 1)
            {
                if( c[ a ] = = c[ b ]){ c[ f1 ] = 0;        return 0;}
                if( c[ a ] = = 0)      { c[ f1 ] = c[ b ]; return 0;}
                if( c[ a ] = = 1&&c[ b ] = = 0)        {   c[ f1 ] = -1; return 0;}
                if( c[ a ] = = 1&&c[ b ] = = -1)       {   c[ f1 ] = 1; return 0;}
                if( c[ a ] = = -1&&c[ b ] = = 0)       {   c[ f1 ] = 1; return 0;}
                if( c[ a ] = = -1&&c[ b ] = = 1)       {   c[ f1 ] = -1; return 0;}
            }
            else if( d = = 2)
            {
                if( c[ a ] = = c[ b ]){ c[ f1 ] = 1;     return 0;}
                if( c[ a ] = = 1&&c[ b ] = = 0){ c[ f1 ] = 0; return 0;}
                if( c[ a ] = = 1&&c[ b ] = = -1){ c[ f1 ] = -1; return 0;}
                if( c[ a ] = = 0&&c[ b ] = = 1){ c[ f1 ] = -1; return 0;}
                if( c[ a ] = = 0&&c[ b ] = = -1){ c[ f1 ] = 0; return 0;}
                if( c[ a ] = = -1&&c[ b ] = = 0){ c[ f1 ] = -1; return 0;}
                if( c[ a ] = = -1&&c[ b ] = = 1){ c[ f1 ] = 0; return 0;}
            }
        }
    else   // 两者在相同树中的情况
    {
        if( d = = 1)     // 若为同类两节点与树根必为同类,否则为假话
        {
            if( c[ b ]! = c[ a ]) return 1;
        }
        else if( d = =2)// 若两者为异类出现以下三种情况为假话
        {
            if( c[ a ] = = 0&&c[ b ]! = -1) return 1;
            if( c[ a ] = = 1&&c[ b ]! = 0) return 1;
            if( c[ a ] = = -1&&c[ b ]! = 1) return 1;
        }
```

```
    }
        return 0;
}
int main( )
{
    int sum = 0,m,i,a,b,d;
    scanf("%d%d",&n,&m);
    memset(c,0,sizeof(c));
    for(i = 1;i≤n;i + + )
        f[i] = i;
    for(i = 1;i≤m;i + + )
    {
        scanf("%d%d%d",&d,&a,&b);
        sum + = make(d,a,b);
    }
    printf("%d\n",sum);
    return 0 ;
}
```

4.2 树状数组

4201 人工湖公路

问题描述

有一个湖,它的周围都是城市,但是由于水路不发达,所以城市间的交通都是靠陆地.很奇怪,每一个城市都是只和与它相邻的城市建有公路,假设有 n 个城市,编号依次是 1 到 n,那么编号为 i 的城市只和 $i\%n+1$,$(i-2+n)\%n+1$ 两个城市有公路相连.公路是双向的,有的公路会坏掉,但是有的又会被工人修好.现在有人向你询问某两个城市是否可以相互到达.

☞ 输入

第一行有两个数 $2 \leq n \leq 100\,000$ 和 $1 \leq m \leq 100\,000$，分别代表城市的数目是询问次数，接下来有 m 行，每一行一个标志数 f 和两个城市的编号 x,y．

当 $f=0$ 时，如果 x,y 之间的公路是好的，则 x,y 之间的公路会坏掉；如果是坏的，则 x,y 之间的公路将被修好．

当 $f=1$ 时，代表那个人要向你询问 x,y 之间是否可以相互到达．

输入到文件结束．

☞ 输出

对于每次询问，如果 x,y 互相可以到达，则输出"YES"，否则输出"NO"．每个输出占一行．

☞ 样例输入

5 10
1 2 5
0 4 5
1 4 5
0 2 3
1 3 4
1 1 3
0 1 2
0 2 3
1 2 4
1 2 5

☞ 样例输出

YES
YES
YES
NO
YES
NO

思路引导

(1) 首先，这题看似用一个搜索就可以完全解决，确实是可以得出正确答案，因为两个城市是否可以到达，无非有两种情况，画上圆后编号，顺时针走过去或者逆时针走过去，只要广搜就可以了,但是看一下数据范围超时无疑,故这种方法是行不通的.

(2)这些城市之间的公路很奇怪,只有相邻的两个之间有公路,用 1 表示当前这个公路和它的下一相连;用 0 表示不相连,那么当要知道两个城市是否相连时,只要知道它们之间顺时针的 1 的个数是否等于它们之间顺时针间的城市个数就可以了,或者逆时针的 1 的个数是否等于逆时针间的 1 的个数就可以了.因此可以用快速求和的方法和树状数组.

解题报告

用一个数组记录当前这个城市是否和它的下一个城市相连,若相连将数组设置为 1,否则设置为 0,第 n 个表示它是否和第 1 个相连.这样就在询问两个城市是否相连时快速求出和就可以了,但是需要求两次,如果顺时针可以到达或者是逆时针可以到达,那么就是可以到达的,否则就是不可以到达的.

```
#include <stdio.h>
#include <string.h>
int c[100001],ma[100001];
int lowbit(int t)//位运算
{
    return t&(-t);
}
void insert(int k,int d,int max)//快速修改
{
    while(k<=max)
    {
        c[k]+=d;
        k=k+lowbit(k);
    }
}

int getsum(int k)//快速求和
{
    int t=0;
    while(k>0)
    {
        t+=c[k];
```

```
            k - = lowbit(k);
    }
    return t;
}
int main()
{
    int i,j,k,t,n;
    while(scanf("%d%d",&n,&k)! =EOF)
    {
        memset(c,0,sizeof(c));//将c数组初始化
        for(i=1;i≤n;i++)//起初任意间公路时完好的
        {
            insert(i,1,n);
            ma[i]=1;//ma数组记录当前这个城市是否和下一个相连
        }
        while(k--)
        {
            int a,b,f;
            scanf("%d%d%d",&f,&a,&b);
            if(f==0)//如果是好的公路,毁坏;如果是坏的公路,则修好
            {
                if(a>b) {t=a;a=b;b=t;}
                if(b==n&&a==1)
                {
                    if(ma[b]==1)
                    {
                        insert(b,-1,n);
                        ma[b]=0;
                    }
                    else
                    {
                        insert(b,1,n);
                        ma[b]=1;
                    }
                }
```

```
                }
                else
                {
                    if(ma[a]==1)
                    {
                        insert(a,-1,n);
                        ma[a]=0;
                    }
                    else
                    {
                        insert(a,1,n);
                        ma[a]=1;
                    }
                }
            }
            if(f==1)//询问是否可以到达
            {
                if(a>b) {t=a;a=b;b=t;}
                int t1,t2,t3,t4;
                t1=getsum(a-1);t2=getsum(b-1);
                int flag=0;
                if(t2-t1==b-a)//判断顺时针是否可以到达
                {
                    flag=1;
                    printf("YES\n");
                }
                if(!flag)//判断逆时针是否可以到达
                {
                    t3=getsum(n)-t2;
                    if(t3+t1==n-b+a)
                    {
                        printf("YES\n");
                        flag=1;
                    }
```

```
            }
            if( ! flag)
            printf("NO\n");
        }
    }
}
```

4202 敌兵布阵

问题描述

C 国的对手 A 国要进行军事演练，C 国的国王想知道 A 国工兵的动态，A 国有 n 个工兵营，A 国经常变换每个工兵营内的工兵数，C 国的国王想知道 A 国一段工兵营内的人数。

输入

首先输入 T，表示有 T 组数据。

每组第一行输入一个正整数 $1 \leq N \leq 50\,000$，表示敌人有 N 个工兵营地，接下来是 N 个正整数，第 i 个数 a^i 表示第 i 个工兵营内起初有的工兵数（$1 \leq a^i \leq 50$）。

接下来每行有一条命令，命令有 4 种形式：

(1) Add $i\,j$，i 和 j 为正整数，表示第 i 个营地增加 j 个人（j 不超过 30）；

(2) Sub $i\,j$，i 和 j 为正整数，表示第 j 个营地减少 j 个人（j 不超过 30）；

(3) Query $i\,j$，i 和 j 为正整数，$i \leq j$，表示询问第 i 到第 j 营地的总人数；

(4) End 表示结束，这条命令在每组数据最后出现。

每组数据最多有 40 000 条命令。

输出

对第 i 组数据，首先输出"Case i:"和回车，对于每个 Query 询问，输出一个整数并回车，表示询问的段中的总人数，最多不超过 1 000 000。

样例输入

```
1
10
1 2 3 4 5 6 7 8 9 10
Query 1 3
```

第4章 高级数据结构

```
Add 3 6
Query 2 7
Sub 10 2
Add 6 3
Query 3 10
End
```

☞ 样例输出

```
Case 1：
6
33
59
```

思路引导

刚看到这个题目，经验不多的人一看便知是模拟，那么如果在看一下数据范围，若模拟超时无疑. 这个题目要求快速地修改某一点的值，然后快速地求出一段区间的和，这个算法能做到，无非就是线段树和树状数组，但是从编程复杂度来看，树状数组才是最佳选择.

解题报告

输入起始的每个营地的人数时，将其插入我们的记录数组中，然后根据要求看是询问还是变换. 如果是增加，那么就插入正数；反之，减少时就插入负数，直到结束.

```c
#include <stdio.h>
#include <string.h>
#include <math.h>
int a[50005];
int n;
int lowbit(int t)//位运算
{
    return t&(-t);
}
void insert(int t,int d)//插入,修改
{
    while(t<=n)
    {
        a[t]+=d;
```

```c
            t = t + lowbit(t);
        }
    }
    long long getsum(int t)//求和
    {
        long long sum = 0;
        while(t > 0)
        {
            sum + = a[t];
            t = t - lowbit(t);
        }
        return sum;
    }
    int main()
    {
        int T,i,j,k,t;
        scanf("%d",&T);
        t = 0;
        while(T - -)//T 组测试数据
        {
            memset(a,0,sizeof(a));
            scanf("%d",&n);//n 个营地
            for(i = 1;i≤n;i + +)
            {
                scanf("%d",&k);//每个营地的初始兵数
                insert(i,k);
            }
            char str[10];
            scanf("%s",str);
            printf("Case %d:\n", + +t);//输出第 t 组数据
            while(strcmp(str,"End")! = 0)//输入数据结束
            {
                int x,y;
                scanf("%d%d",&x,&y);
```

```
        if(strcmp(str,"Query") = =0)//表示询问
            printf("%lld\n",getsum(y) - getsum(x-1));
        else if(strcmp(str,"Add") = =0)//增加工兵数
            insert(x,y);
        else if(strcmp(str,"Sub") = =0)//减少工兵数目
            insert(x,(-1)*y);
        scanf("%s",str);
    }
  }
}
```

4203 Japan

题目描述

日本是一个岛国,在岛的东西两侧有城市 $n(n \leqslant 1\,000)$ 个和 $m(m \leqslant 1\,000)$ 个,它们都是依次从南到北编号的.现在要在某些城市间修建公路,问这些公路间一共有多少个交点?

输入

首先输入一个 T,表示有 T 组测试数据,每组测试数据首先输入 n,m,k,表示东西两侧分别有 n,m 个城市,要修建 k 条公路,接着有 k 行有两个数,表示要修建公路的两个城市的编号.

输出

输出"Test case t:",表示第 t 组测试数据,接着是一个空格,后面是交点的数目.

输入样例

```
1
3 4 4
1 4
2 3
3 2
3 1
```

输出样例

```
Test case 1: 5
```

思路引导

看一下是什么样的公路间有交点.先设定左右两侧的两个点分别为x_1,x_2,y_1,y_2,($x_1<x_2$和$y_1<y_2$)一定是x_1与y_2间修公路x_2与y_1间修公路,这样就一定会出现交点.按照正常的依次的对每两条线段进行判定,则复杂度是n_2的,而且是多组输入,会超时的.

解题报告

先对要修建的公路排一下序,然后再看这样是否可以更方便地求出焦点数呢?取左侧的为第一关键字,右侧的为第二关键字从小到大排序,那么什么样的已经修完的和当前要修的有这个交点呢?只有求出已经插入数组中的点和当前的这个点有多少个交点,那么累加就可以求出所有的交点数了.这样就是对每一个点先求出交点数后将其插入到数组当中去,则可以完美地解决这道题.

```
#include <algorithm>
#include <iostream>
using namespace std;
struct temp
{
    int x,y;
}a[1000005];
int c[1005];
int cmp(struct temp p,struct temp q)//x为第一关键字,y为第二关键字
{
    return p.x<q.x||(p.x==q.x&&p.y<q.y);
}
int lowbit(int t)//位运算
{
    return t&(-t);
}
void insert(int k,int d,int q)//插入一个新值
{
    while(k<=q)
    {
        c[k]+=d;
        k=k+lowbit(k);
```

```
        }
}
__int64 sum(int k)//求和
{
    __int64 t = 0;
    while(k > 0)
    {
        t = t + c[k];
        k = k - lowbit(k);
    }
    return t;
}
int main()
{
    int i,j,k1,t;
    scanf("%d",&k1);
    int k0 = 0;
    while(k1 - -)
    {
        int N,M,K;
        memset(c,0,sizeof(c));//对 c 数组初始化
        int max = 0;
        scanf("%d%d%d",&N,&M,&K);
        for(i = 0;i < K;i + +)
        {
            scanf("%d%d",&a[i].x,&a[i].y);
            if(a[i].y > max)
            max = a[i].y;
        }
        sort(a,a + K,cmp);//排序,c + + 的库函数
        __int64 Sum = 0;
        insert(a[0].y,1,max);
        for(i = 1;i < K;i + +)
        {
```

```
            Sum + = sum( max) - sum( a[i] . y) ;//sum 自加求出交点数的和
            insert(a[i].y,1,max) ;//插入
        }
        k0 + + ;
        printf("Test case % d: % I64d\n" ,k0 ,Sum) ;//输出结果
    }
}
```

4204 Mobile Phones

问题描述

有一个正方形区域 $S \times S (1 \leqslant S \leqslant 1\,024)$，含有很多小区域，小区域的横、纵坐标是 0 开始编号直到 $S-1$，每一个单位个是一个区域，每个区域上有一定数目的手机，同时每一个区域上的手机的数目也是会不断地变化的。现在要一边进行修改某些单位格子内的手机的数目，同时还要询问某些区域的手机数目。

输入

有很多组输入数据，每一行先输入一个数字 x，如果 $x=0$ 再输入 S，表示区域的大小，并且所有的区域内都没有手机；如果 $x=1$，接下来输入 x,y,a，表示要在坐标为 (x,y) 的这个小格内增加 a 个手机；如果 $x=2$，接下来输入 L,B,R,T，分别表示矩形区域左上角的坐标和右下角的坐标，回答出这一区域的手机数；如果 $x=3$，表示结束本次输入，程序运行结束。

输出

对于每个询问输出这个区域内的手机数，每个占一行。

样例输入

```
0 4
1 1 2 3
2 0 0 2 2
1 1 1 2
1 1 2 -1
2 1 1 2 3
3
```

样例输出

```
3
```

4

思路引导

对于一个矩形区域内的变化,完全可以进行模拟. 对于求和,还是完全可以用 for 循环来解决的,但是有一个效率问题,因为题目给出正方形区域的大小为 1 024,那么如果我们用简单的 for 循环来做超时,无疑. 其实这就是一个修改并快速求和的二维数组,这就要知道树状数组的二维的应用.

解题报告

首先对二维数组进行初始化,然后修改,其实就是由一维的变为二维的,主要是对于这个二维的求和时有个技巧,否则就错了. 对于题目只给出左上角和右下角的坐标(分别是 $(x_1,y_1),(x_2,y_2)$),求和时我们先求出以每个角的坐标为右上角求出左下部分到点 (1,1) 的总和,这样我们看一下其实我们所要计算的矩形区域的总和就是 $sum(x_2,y_1) - sum(x_1,y_1) - (x_2,y_2) + (x_1,y_1)$,这样利用树状数组的快速求和就完美的解决这个题目了.

```
#include <stdio.h>
#include <string.h>
double a[1030][1030];
int s;
int lowbit(int t)//位运算
{
    return t&(-t);
}
void insert(int x,int y,double d)
{
    while(x≤s)//二维树状数组的修改
    {
        int y1 = y;
        while(y1≤s)
        {
            a[x][y1] += d;
            y1 += lowbit(y1);
        }
        x += lowbit(x);
    }
}
```

```
}
double getsum(int x, int y)
{
    double sum = 0;
    while(x > 0)//二维树状数组的求和
    {
        int y1 = y;
        while(y1 > 0)
        {
            sum + = a[x][y1];
            y1 - = lowbit(y1);
        }
        x - = lowbit(x);
    }
    return sum;
}
int main()
{
    int x1, y1, x2, y2, flag, i, j;
    double d;
    while(scanf("%d", &flag) ! = EOF)
    {
        if(flag = = 3)
            break;
        else if(flag = = 0)
        {
            scanf("%d", &s);
            s + + ;
            for(i = 1; i ≤ s; i + + )
            {
                for(j = i; j ≤ s; j + + )
                {
                    a[i][j] = 0;
                    a[j][i] = 0;
```

```
                }
            }
        }
        else if(flag == 1)
        {
            scanf("%d%d%lf",&x1,&y1,&d);
            x1++;y1++;
            insert(x1,y1,d);
        }
        else if(flag == 2)
        {
            scanf("%d%d%d%d",&x1,&y1,&x2,&y2);
            x1++;x2++;y1++;y2++;
            double sum = 0;
            sum = getsum(x2,y2) - getsum(x1-1,y2) -
                  getsum(x2,y1-1) + getsum(x1-1,y1-1);
            printf("%.0lf\n",sum);
        }
    }
}
```

4205 Matrix

问题题目

给你个 $n \times n$ 的正方形,每一个元素的值不是 1 就是 0,初始时每个元素都是 0,然后给出左上角和右下角的坐标,对这一区间的元素的值进行变换,是 0 的变为 1,是 1 的变为 0,然后询问某个点的值是 0 还是 1.

☞ 输入

首先输入 x,表示有 x 组测试数据,然后每组测试数据先输 $2 \leqslant N \leqslant 1\,000$ 和 $1 \leqslant T \leqslant 50\,000$,表示正方形的大小和执行修改和询问的总次数. 接下来有 T 行,开始是一个字母,若是 Q 表示询问,接着是一对坐标 x,y;若是 C,表示变换某一矩形区域内的值,接着是四个数字为左上角和右下角的坐标 x_1,y_1,x_2,y_2.

☞ **输出**

对于每一个询问输出该点的值是 0 或 1.

☞ **样例输入**

```
1
2 10
C 2 1 2 2
Q 2 2
C 2 1 2 1
Q 1 1
C 1 1 2 1
C 1 2 1 2
C 1 1 2 2
Q 1 1
C 1 1 2 1
Q 2 1
```

☞ **样例输出**

```
1
0
0
1
```

思路引导

当我们看完题目时发觉要是矩形小一点直接模拟就可以把这题 A 掉，但是矩形太大了，而且操作又那么多，那么怎么办，一定有更好的方法，我们仔细想一下要用到什么算法呢！这个题很特殊，它是修改一区域内的值，然后求出一点的值.

解题报告

说过这个题有一点特殊，它是修改一个区域的值来求一点的值，它是修改费时间. 我们想一下，常用的哪个算法是对区域和点值的计算？很容易就想到了树状数组，但是我们都知道树状数组是修改一个点的值求一段的值，而这个恰好和正常的树状数组相反，怎么办？其实树状数组有一个很特别的性质，那就是从小向大修改从大向小求和求的是一区间段的和，从大向小修改从小向大求和求的是那一个点的值，这样我们就可以用树状数组完美的解决这道题了.

```c
#include <stdio.h>
#include <string.h>
int map[1010][1010];
int n,m;
int lowbit(int t)//位运算
{
    return t&(-t);
}
void insert(int x,int y,int d)//从大向小修改
{
    while(y>0)
    {
        int x1=x;
        while(x1>0)
        {
            map[x1][y]+=d;
            x1-=lowbit(x1);
        }
        y-=lowbit(y);
    }
}
int getsum(int x,int y)//从小向大求和
{
    int sum=0;
    while(y<=n)
    {
        int x1=x;
        while(x1<=n)
        {
            sum+=map[x1][y];
            x1+=lowbit(x1);
        }
        y+=lowbit(y);
    }
}
```

```
        return sum;
}
int main()
{
    int i,j,k,t,Cas;
    scanf("%d",&Cas);
    while(Cas--)
    {
        scanf("%d%d",&n,&m);
        memset(map,0,sizeof(map));
        char s[5];
        while(m--)
        {
            scanf("%s",s);
            if(s[0]=='C')
            {
                int x1,y1,x2,y2;
                scanf("%d%d%d%d",&x1,&y1,&x2,&y2);/*插入时注意,某些地方插入两次*/
                insert(x2,y2,1);
                insert(x1-1,y2,-1);
                insert(x1-1,y1-1,1);
                insert(x2,y1-1,-1);
            }
            else if(s[0]=='Q')
            {
                int x,y;
                scanf("%d%d",&x,&y);
                printf("%d\n",getsum(x,y)%2);
            }
        }
        if(Cas)
            printf("\n");
    }
}
```

4.3 线段树

4301 城市地平线

问题描述

在一条水平线上有 N 个建筑物,建筑物都是长方形的,且可以互相遮盖.给出每个建筑物的左右坐标值 A_i,B_i 以及每个建筑物的高度 H_i,需要计算出这些建筑物总共覆盖的面积.

输入

第一行为建筑物的个数 $N(1 \leq N \leq 40\,000)$,第二行到第 $N+1$ 行为每个建筑物的左右坐标值 A_i,B_i($1 \leq A_i < B_i \leq 1\,000\,000\,000$) 和建筑物的高度 H_i($1 \leq H_i \leq 1\,000\,000\,000$).

输出

总面积 S.

样例输入

```
5
1 5 10
2 6 30
3 7 20
4 6 15
5 10 5
```

样例输出

```
165
```

思路引导

(1) 建立线段树,求出每一个线段的高度,进而求出面积.

(2) A_i 和 B_i 的范围非常大,无法直接建立线段树,想到用离散化的方法建树.

解题报告

首先解释什么是离散化的线段树.它是将所有给定的线段的端点作为线段树的划分点,省去了极大的空间.

首先,将所有的线段端点排序,若存在相同的端点,该端点只留一个,求出一个两两不同的单调上升点序列,用这个序列建立线段树.

然后,将原线段加入到线段树中.这里有一个小技巧,由于建筑的高度是离散地给出的,正常的插入线段的方法是记录线段中的最高高度,否则对于每一段的线段都要遍历其所有子区间,这样一次插入线段的时间复杂度为 $O(n\log n)$,如果加入一个标记,维护与处理都将异常麻烦,但将建筑按其高度排序一下,对于每一个覆盖的区间都可以直接赋值,时间复杂度可以达到 $O(\log n)$.

最后就是对线段树的遍历,求出最后的结果.

```cpp
#include <iostream>
#include <algorithm>
#include <stdio.h>
using namespace std;
typedef __int64 iint;
struct building
{
    iint x1;
    iint x2;
iint height;
}line[50000];
iint node[100000];         //node[0]代表离散化后的端点个数
struct tree
{
    iint left;
    iint right;
    iint hi;
}treenode[1000000];

void init (int n);
void creatree (int ll, int rr, int p);
void insert (iint ileft, iint iright, iint value, int p);
iint search (int p);
bool cmp (building a, building b)
{
    return (a.height < b.height);
}
```

```c
int main ( )
{
    int n;
    scanf ( "%d" ,&n);
    init (n);
    creatree (1,node[0],1);
    for (int i = 1 ;i≤n ;i + + )
        insert (line[i].x1 ,line[i].x2 ,line[i].height ,1);
    printf ( "%I64d\n" ,search (1));
    return 0;
}
void init (int n)                //初始化
{
    memset (treenode ,0 ,sizeof (treenode));
    memset (node ,0 ,sizeof (node));
    memset (line ,0 ,sizeof (line));
    for (int i = 1 ;i≤n ;i + + )
    {
        scanf ( "%I64d%I64d%I64d" ,&line[i].x1 ,&line[i].x2,&line[i].height);
        node[i∗2 − 1] = line[i].x1;
        node[i∗2] = line[i].x2;
    }
    sort (line + 1 ,line + n + 1 ,cmp);
    int j = 1;
    sort (node + 1 ,node + n ∗ 2 + 1);
    for (int i = 1 ;i≤n ∗ 2 ;i + + )    //离散化
    {
        if (node[j] ! = node[i])
            node[ + +j] = node[i];
    }
    node[0] = j;
    return ;
}
void creatree (int ll ,int rr ,int p)
```

```
        treenode[p].left = node[ll];
        treenode[p].right = node[rr];
        //printf("%d:%d,%d\n",p,node[ll],node[rr]);
        if (ll + 1 == rr)
            return;
        int mid = (ll + rr)/2;
        creatree(ll,mid,p*2);
        creatree(mid,rr,p*2+1);
        return;
}
void insert(iint ileft,iint iright,iint value,int p)
{
        if (ileft ≤ treenode[p].left && treenode[p].right ≤ iright)    /*当前线段被包含于插入的线段*/
        {
            treenode[p].hi = value;
            return;
        }
        if (treenode[p].hi > 0)
            treenode[p*2].hi = treenode[p*2+1].hi = treenode[p].hi;
        treenode[p].hi = -1;
        if (iright > treenode[p*2].right)
            insert(ileft,iright,value,p*2+1);
        if (ileft < treenode[p*2].right)
            insert(ileft,iright,value,p*2);
        return;
}
iint search(int p)
{
        if (treenode[p].hi > 0)
            return (treenode[p].hi * (treenode[p].right - treenode[p].left));
        if (treenode[p].hi == 0)
            return 0;
        return (search(p*2) + search(p*2+1));
}
```

4302 丢失的牛

☞ 问题描述

FJ 养了 $N(2 \leq N \leq 8\,000)$ 头牛,每一头都有它自己的编号:$1,\cdots,N$.

一天,牛们喝醉了,排队回家,但忘了如何按编号排队,它们唯一能知道的就是前面有多少牛的编号比自己的小,请年轻的 ACMer 帮 FJ 找出牛们确切排序.

☞ 输入

第一行为牛的个数 N,之后 $N-1$ 行,每行有一个数字,代表排在第 2 头到第 N 头牛前面编号比自己小的牛的数量.

☞ 输出

共 N 行,输出在排队中第一头到最后一头牛的编号,每个数占一行.

☞ 样例输入

5
1
2
1
0

☞ 样例输出

2
4
5
3
1

☞ 思路引导

(1)本题若按正序思考,则不会有什么思路,但用倒序思考,则会发现,从后向前每一个数都能定位一头牛的编号.

(2)N 的范围快到 10 000 了,$O(n^2)$ 的朴素遍历算法明显不适用.另外,定位一头牛的编号后,为了确定下一头牛的编号,一定要在 $1,\cdots,N$ 中删除这个编号,需要区间动态查询,所以选择线段树.

☞ 解题报告

有了想法,该题的写法也就呼之欲出.初始时,以 N 个点建立线段树,同时在线段树中增加一个计数的值,其意义是在该区间中可用的编号数目.所以,初始化时,叶子节点的值都是1,而树内部的节点的值都等于其左、右儿子值的和.

将数据倒序,每次查询一个数据,寻找一个从1叶子节点开始的区间,使其内的值与数据相同,此时查询得到的叶子节点的编号即为该头牛的编号,自底向上删除该节点的值.

重复上述过程,即可得到牛的排序.

```
#include <iostream>
using namespace std;
int num[10000];
int node[20000];
int scale;
void init(int n);
int insert(int loc);
int main()
{
    int n;
    scanf("%d",&n);
    init(n);
    num[1] = 0;
    for(int i=2;i≤n;i++)
        scanf("%d",&num[i]);
    for(int i=n;i>=1;i--)
        num[i] = insert(num[i]);
    for(int i=1;i≤n;i++)
        printf("%d\n",num[i]);
    return 0;
}
void init(int n)          //初始化
{
    scale = 1;
    while(scale ≤ n+1)
        scale <≤ 1;
    memset(node,0,sizeof(node));
    for(int i=scale+1;i≤scale+n;i++)
        node[i] = 1;
```

```
        for ( int i = scale - 1 ; i > = 1 ; i - - )
                node[ i ] = node[ i + i ] + node[ i + i + 1 ];
        return ;
}
int insert ( int loc )//插入
{
        int p = 1;
        while ( p < scale )
        {
                node[ p ] - - ;
                if ( node[ p < < 1 ] - loc > 0 )
                        p = p + p;
                else
                {
                        loc - = node[ p < < 1 ];
                        p = p + p + 1;
                }
        }
        node[ p ] = 0;
        return ( p - scale );
}
```

4303 好运和爱情

问题描述

Wiskey 征婚,非诚勿扰!由于报名人数太多,Wiskey 将事情全部抛给了年轻的 Acmer.

☞输入

所有输入的浮点数,均只有一位小数.第一行输入的是操作数 M,当 $M=0$ 时处理终止.后面跟着一个操作符,当操作符为"I"时,表示有一个 MM 报名,后面跟着一个整数 H 表示身高,两个浮点数:A 表示活泼度,L 表示缘分值($100 \leqslant H \leqslant 200, 0.0 \leqslant A \leqslant 100.0$);当操作符为"Q"时,后面跟着四个浮点数,$H_1$、$H_2$ 表示身高区间,A_1、A_2 表示活泼度区间,输出符合身高和活泼度要求的缘分最高值($100 \leqslant H_1, H_2 \leqslant 200, 0.0 \leqslant A_1, A_2 \leqslant 100.0$).

☞ 输出

对于每次输出,都保留一位小数;对于查不到的询问,输出"-1".

☞ 样例输入

```
8
I160    50.5    60.0
I165    30.0    80.5
I166    10.0    50.0
I170    80.5    77.5
Q150    166     10.0    60.0
Q166    177     10.0    50.0
I166    40.0    99.9
Q166    177     10.0    50.0
0
```

☞ 样例输出

```
80.5
50.0
99.9
```

思路引导

(1) 缘分值被身高和活泼度同时束缚,很明显需要建立一个二维线段树.
(2) 在数据量不大的情况下,还可以建立一个矩阵树,速度比二维线段树慢一些.

解题报告

建树,二维线段树与一维线段树相差不多,就是树中有树,在以身高为区间建立一维线段树. 在各个节点上,以活泼度为区间建立一维线段树,但要注意,缘分值只能放在第二维线段树上,而不能放在第一维上.

二维线段树插入和查询,第一步与一维中的相同,即寻找到符合身高条件的节点. 然后,以这些节点为树根,将数据插入到活泼度的第二维线段树中或将符合活泼度的数据读取出来.

在代码上,两个不同的插入和查询之间的区别就有两个方面:一维中没有缘分值,二维中含有缘分值;两层的区间范围和查询的范围不同.

```
#include <iostream>
using namespace std;
struct segmentnode    //活泼度
```

```
{
    int al;
    int ar;
    double dl;    //缘分值
};
struct segmentree //身高
{
    int hl;
    int hr;
    struct segmentnode next[2100];
}node[300];

#define E 0.000001

void creatree(int p,int hll,int hrr);
void creatnode(int p,int pp,int all,int arr);
void init(void);
void insert_h(int p,int h,int a,double l);void insert_a(int p,int pp,int a,double l);
double search_h(int p,double h1,double h2,double a1,double a2);
double search_a(int p,int pp,double a1,double a2);

int main()
{
    int m;
    int h;
    double a,l;
    double h1,h2,a1,a2;
    int hh1,hh2,aa1,aa2;
    char coper;
    creatree(1,100,200);
    while(scanf("%d",&m)!=EOF)
    {
        if(m==0)
            break;
```

```
            init ();
            while (m--)
            {
                    getchar ();
                    scanf ("%c",&coper);
                    if (coper == 'I')
                    {
                        scanf ("%d%lf%lf",&h,&a,&l);
                        insert_h (1,h,(int)(a*10+E),l);
                    }
                    else if (coper == 'Q')
                    {
                        scanf ("%lf%lf%lf%lf",&h1,&h2,&a1,&a2);
                        if (h1 > h2)
                            swap (h1,h2);
                        if (a1 > a2)
                            swap (a1,a2);
                        double ansp = search_h (1,h1,h2,a1*10,a2*10);
                        if (ansp >= 0)
                            printf ("%.1f\n",ansp);
                        else
                            printf ("-1\n");
                    }
            }
    return 0;
}
void creatree (int p,int hll,int hrr)     //以点建立的线段树
{
    node[p].hl = hll;
    node[p].hr = hrr;
    creatnode (p,1,0,1000);
    if (hll == hrr)
        return ;
```

```
        int mid = (hll + hrr) / 2;
        creatree (p*2 ,hll ,mid);
        creatree (p*2+1 ,mid+1 ,hrr);
        return ;
}
void creatnode (int p ,int pp ,int all ,int arr)
{
        node[p].next[pp].al = all;
        node[p].next[pp].ar = arr;
        if (all = = arr)
                return ;
        int mid = (all + arr) / 2;
        creatnode (p ,pp*2 ,all ,mid);
        creatnode (p ,pp*2+1 ,mid+1 ,arr);
        return ;
}
void init (void)
{
        for (int i=0 ;i<300 ;i++)
                for (int j=0 ;j<2100 ;j++)
                        node[i].next[j].dl = -1;
        return ;
}
void insert_h (int p ,int h ,int a ,double l)//插入 H
{
        insert_a (p ,1 ,a ,l);
        if (node[p].hl = = node[p].hr)
                return ;
        int mid = (node[p].hl + node[p].hr) / 2;
        if (h ≤ mid)
                insert_h (p*2 ,h ,a ,l);
        else
                insert_h (p*2+1 ,h ,a ,l);
        return ;
```

```
}
void insert_a (int p ,int pp ,int a ,double l)//插入 A
{
    if (node[p].next[pp].dl < l)
        node[p].next[pp].dl = l;
    if (node[p].next[pp].al == node[p].next[pp].ar)
        return ;
    int mid = (node[p].next[pp].al + node[p].next[pp].ar) / 2;
    if (a <= mid)
        insert_a (p ,pp * 2 ,a ,l);
    else
        insert_a (p ,pp * 2 + 1 ,a ,l);
    return ;
}
double search_h (int p ,double h1 ,double h2 ,double a1 ,double a2)//查询 H
{
    double ans = -1;
    if (h1 <= node[p].hl && node[p].hr <= h2)
        return search_a (p ,1 ,a1 ,a2);
    if (node[p].hl == node[p].hr)
        return ans;
    int mid = (node[p].hl + node[p].hr) / 2;
    if (h1 <= mid)
        ans = max (ans ,search_h (p * 2 ,h1 ,h2 ,a1 ,a2));
    if (h2 >= mid + 1)
        ans = max (ans ,search_h (p * 2 + 1 ,h1 ,h2 ,a1 ,a2));
    return ans;
}
double search_a (int p ,int pp ,double a1 ,double a2)//查询 A
{
    double ans = -1;
    if (a1 <= node[p].next[pp].al && node[p].next[pp].ar <= a2)
        return node[p].next[pp].dl;
    if (node[p].next[pp].al == node[p].next[pp].ar)
```

```
            return ans;
    int mid = (node[p].next[pp].al + node[p].next[pp].ar) / 2;
    if (a1 <= mid)
        ans = max(ans, search_a(p, pp*2, a1, a2));
    if (a2 >= mid+1)
        ans = max(ans, search_a(p, pp*2+1, a1, a2));
    return ans;
}
```

4304 城市地平线-2

问题描述

给一个环形的序列,进行在线操作,每修改一次,输出环上的最大子段和(不允许选择全部的数字).

☞ 输入

第一行为环上数字的个数 $N(4 \leq N \leq 100\ 000)$,第二行有 N 个数字,代表初始时的数字(按顺时针给出),第三行为 $M(4 \leq M \leq 100\ 000)$,之后 M 行为修改的数字的位置和修改后的值 A、B,B 的范围为 $[-1\ 000, 1\ 000]$.

☞ 输出

对每次的修改都输出其最大子段和.

☞ 样例输入

```
5
3 -2 1 2 -5
4
2 -2
5 -5
2 -4
5 -1
```

☞ 样例输出

```
4
4
```

3
5

思路引导

本题中,修改的次数高达 100 000 次,即使是以 DP 中 $O(n)$ 的查询算法也一定会超时,这时我们就应该考虑到连接数字与区间和的桥梁——线段树,用线段树记录区间内的最大子段和,使每次查询的时间复杂度降为 $O(\log n)$。

解题报告

由于是环形序列,将环从某一位置切断(就以一点处理)拉成直线,用线段树记录线段上的最大子段和、最小子段和,则其结果为 max{最大子段和,总区间和 − 最小子段和}。

为什么呢?其原因就在于最大子段和为一个连续的序列,肯定为以下两种情况之一:

(1) 在当前直线序列中间的连续一段数字;

(2) 在当前直线序列中分两段,一段为以第一个数字为开头的序列,一段为以最后一个数字为结尾的序列(想想怎么由环展开成直线就明白了)。

如果是情况 1,结果肯定是直线上的最大子段和;如果是情况 2,结果就是{总区间和 − 最小子段和}。

但题目上不允许选择所有的数字,就需要加一个特判。

怎么实现呢?已知线段树上一定要有:区间和 sum,最大子段和 mmsum,最小子段和 misum 三个值,需要再加上 lmsum、rmsum 两个值来辅助计算 mmsum,分别代表该区间上从左开始的最大子段和,从右开始的最大子段和;同理,为了计算 misum,需要加上 lisum 和 risum,即该区间从左开始的最小子段和,从右开始的最小子段和,至此本题的解法已经很明了。

父.sum = 左儿子.sum + 右儿子.sum

父.lmsum = max{左儿子.lmsum,左儿子.sum + 右儿子.lmsum}

父.rmsum 同父.lmsum

父.mmsum = max{左儿子.mmsum,右儿子.mmsum,左儿子.lmsum + 右儿子.rmsum}

至于最小子段和的求法同最大子段和。

//ZKW 的线段树(非递归版)

//需要加特判

```
#include <iostream>
#include <stdio.h>
using namespace std;
#define MAX 0xffffff
```

```c
#define MIN -0xfffffff
struct tree
{
    int lmsum;              //从左起的最大子段和
    int rmsum;              //到右止的最大子段和
    int mmsum;              //中间的最大子段和
    int sum;                //区间和
    int lisum;              //从左起的最小子段和
    int risum;              //到右止的最小子段和
    int misum;              //中间的最小子段和
}node[300000];
int init(int n);
void creatree(int num,int size);
int max(int na,int nb,int nc);
int max(int na,int nb,int nc,int nd,int ne);
int min(int na,int nb,int nc);
int min(int na,int nb,int nc,int nd,int ne);
void insert(int p,int value);
int search(void);
void change(int p);
void debug(int size,int num);
int main()
{
    int num = -1,size = -1,m = -1;
    int bit,value;
    scanf("%d",&num);
    size = init(num);
    creatree(num,size);
    scanf("%d",&m);
    while(m--)
    {
        scanf("%d%d",&bit,&value);
        insert(bit+size-1,value);
        printf("%d\n",search());
```

```
        }
        return 0;
}
int init (int num)
{
        int size = 1;
        memset (node ,0 ,sizeof(node));
        while (size < num)                    //ZKW 线段树的精华,用堆式存储
              size <<= 1;
        for (int i = size ;i < size + num ;i + +)
        {
              scanf ("%d",&node[i].sum);
              node[i].lmsum = node[i].mmsum = node[i].rmsum = node[i].sum;
              node[i].lisum = node[i].misum = node[i].risum = node[i].sum;
        }
        for (int i = size + num ;i≤size + size ;i + +)    //加哨兵,防止出错
        {
              node[i].sum = 0;
              node[i].lmsum = MIN;
              node[i].rmsum = MIN;
              node[i].mmsum = MIN;
              node[i].lisum = MAX;
              node[i].risum = MAX;
              node[i].misum = MAX;
        }
        return size;
}
void creatree (int num ,int size)
{
        for (int i = size - 1 ;i > =1 ;i - -)
              change (i);
        return ;
}
int max (int na ,int nb ,int nc)
```

```
{
    return max (max (na ,nb) ,nc);
}
int max (int na ,int nb ,int nc ,int nd ,int ne)
{
    int p = max (na ,nb ,nc);
    return max (p ,nd ,ne);
}
int min (int na ,int nb ,int nc)
{
    return min (min (na ,nb) ,nc);
}
int min (int na ,int nb ,int nc ,int nd ,int ne)
{
    int p = min (na ,nb ,nc);
    return min (p ,nd ,ne);
}
void insert (int p ,int value)
{
    node[p].lmsum = node[p].mmsum = node[p].rmsum = node[p].sum = value;
    node[p].lisum = node[p].misum = node[p].risum = value;
    while (p > =1)
    {
        p/=2;
        change (p);
    }
    return ;
}
int search (void)
{
    int x1 = max (node[1].lmsum ,node[1].mmsum ,node[1].rmsum);    /*直线序列的最大子段和*/
    int x2 = min (node[1].lisum ,node[1].misum ,node[1].risum);    /*直线序列的最小子段和*/
    if (x1 = = node[1].sum)                          //防止出现选择全部的情况
```

```
            return (node[1].sum - x2);
        else
            return max(x1,(node[1].sum - x2));
}
void change(int p)                    //对 P 节点的更新
{
    node[p].sum = node[p*2].sum + node[p*2+1].sum;
    node[p].lmsum = max (node[p*2].lmsum ,node[p*2].sum + node[p*2+1].lmsum);
    node[p].rmsum = max (node[p*2+1].rmsum ,node[p*2+1].sum + node[p*2].rmsum);
    node[p].mmsum = max (node[p*2].mmsum ,node[p*2+1].mmsum ,node[p*2].rmsum ,node[p*2+1].lmsum ,node[p*2].rmsum + node[p*2+1].lmsum);

    node[p].lisum = min (node[p*2].lisum ,node[p*2].sum + node[p*2+1].lisum);
    node[p].risum = min (node[p*2+1].risum ,node[p*2+1].sum + node[p*2].risum);
    node[p].misum = min (node[p*2].misum ,node[p*2+1].misum ,node[p*2].risum ,node[p*2+1].lisum ,node[p*2].risum + node[p*2+1].lisum);
    return ;
}
```

4305　图片

问题描述

现在有一些海报、照片等矩形图片糊在墙上,这些图片的边都是水平的或竖直的,矩形都可以被部分或全部覆盖,问这些互相覆盖的图片合成的几何图形的边界长.

☞输入

第一行为图片的个数 $N(0 \leqslant N \leqslant 5\,000)$,之后 N 行,每行有四个数字: x_1, y_1, x_2, y_2,为矩形的左下角的点坐标和右上角的点坐标,坐标的范围为 $[-10\,000, 10\,000]$.

☞输出

最后合成的图形的边界长.

☞样例输入

7

-1 5 0 5 10

-5 8 20 25
15 -4 24 14
0 -6 16 4
2 15 10 22
30 10 36 20
34 0 40 16

☞**样例输出**

228

思路引导

(1) 既然要求边界长,不妨将竖直的边界和水平的边界分开来求,其总和就是边界长.

(2) 这里使用直线扫描,不妨以竖直的直线自左向右扫描,将每个矩形的左边插入集合,将每个矩形的右边从集合中删除.

(3) 引入区间中的连续段数,就是在该区间中被覆盖的连续区间的个数,在任意相邻两竖直直线内(要保证连续段数不变),水平方向的边界长为:连续段数×2×两直线间的距离.

(4) 引入区间覆盖的长度,假设在相邻两竖直直线上被覆盖的长度为 cover1 和 cover2,则这两条直线相对露出的部分就是竖直方向上的一部分边界长:|cover1 - cover2|.

(5) 基于以上情况,将 Y 轴上的区间建立成一棵线段树.

解题报告

(1) 建树.

用上面的思路,线段树中,需要有以下几个值:

intLength:区间长度

intCover:被覆盖状况

intSegnum:连续段数

intSeglen:覆盖的线段总长

但为了计算连续段数(Segnum),需要引入两个量:

bool Lcov:左端点覆盖情况

bool Rcov:右端点覆盖情况

我们知道,在线段树的内部节点中一个父亲有两个儿子,而两个儿子的连续段数的和不一定是父亲的连续段数,为什么呢?

因为两个儿子很有可能存在能连在一起的两个区间,这样,就需要减 1.

综上:

父.Segnum = 左儿子.Segnum + 右儿子.Segnum - 左儿子.Rcov * 右儿子.Lcov

这里用乘法来判断左、右儿子是否有能连在一起的区间.

同时,我们还能推出:

$$父.Seglen = 左儿子.Seglen + 右儿子.Seglen$$

至于其他值的维护,具体情况具体分析.

将所有矩形的 Y 坐标离散化后,排序,建立线段树,并初始化其中的值.

(2) 扫描.

将矩形的 X 坐标离散化后排序,从左至右扫描,若扫描到矩形的左边,则将其插入线段树;若扫描到矩形的右边,则将其从线段树中删除,同时动态维护每个节点的数值.每处理一条线段,就将竖直方向上露出的部分(即竖直方向的边界)加入到结果中;每当扫描的直线移动时,将水平方向的边界长加入到结果中,最后就能得到该混合图形的边界长.

/ *

所有的线段树皆可化为点树!

本题使用 ZKW 的线段树.

线段树的内在联系:子线段左右端点很重要.

含"<<"运算要加括号.

本代码建议参考张昆玮的《统计的力量》之后再看本题题解.

* */

```
#include <iostream>
#include <algorithm>
#include <stdio.h>
using namespace std;
struct rectangle           //矩形
{
    int x[2];              //矩形 X 坐标
    int y[2];              //矩形 Y 坐标
    int indey[2];          //离散化后 y 的映射
} rect[5000] = {0};
struct segmentree          //线段树
{
    int length;            //长度
    int cover;             //覆盖
    int segnum;            //连续段数
    int seglen;            //存在的线段总长
```

```
    bool lcov;              //左端点覆盖情况
    bool rcov;              //右端点覆盖情况
}seg[30000] = {0};
struct rectline              //供坐标离散使用
{
    int coord;              //坐标
    int local;              //映射
}line[10000] = {0};
int node[10000] = {0};       //线段树中的节点,即离散化后的Y坐标

void init(int num);
int creatree(void);
int scan(int num, int size);
void insert(int ll, int rr, int k, int size);
void discreate(int num, char change);
void update(int p, int size);

int main()
{
    int num = -1;           //矩形的个数
    int size = -1;          //线段树的规模(仅在ZKW线段树中使用)
    while(scanf("%d", &num) != EOF)
    {
        for(int i = 0; i < num; i++)
            scanf("%d%d%d%d", &rect[i].x[0], &rect[i].y[0], &rect[i].x[1], &rect[i].y[1]);
        init(num);
        size = creatree();
        printf("%d\n", scan(num, size));
    }
    return 0;
}
bool cmp(rectline a, rectline b)
{
    return(a.coord < b.coord);
```

```c
}
int kabs (int k)
{
    if (k > 0)
        return k;
    else
        return -k;
}
void init (int num)
{
    memset (seg ,0 ,sizeof (seg));
    discreate (num ,ý);              //对 Y 坐标离散化
    node[0] = 0;                     //保存线段树中的节点个数
    for (int i = 0 ;i < (num < <1) ;i + +)
    {
        if (node[node[0]] ! = line[i].coord || 0 = = node[0])
            node[ + +node[0]] = line[i].coord;
        rect[line[i].local / 2].indey[line[i].local % 2] = node[0];
    }
    return ;
}
int creatree (void)
{
    int size = 1;
    while (size ≤ node[0])
        size < < 1;
    for (int i = 1 ;i < node[0] ;i + +)
        seg[i + size].length = node[i + 1] - node[i];
    for (int i = size - 1 ;i > = 1 ;i - -)
        seg[i].length = seg[i < <1].length + seg[(i < <1) +1].length;
    return size;
}
int scan (int num ,int size)              //扫描
{
```

第4章 高级数据结构

```
        int ans = 0;
        int ls = 0;
        discreate(num,x);
        for(int i =0 ;i < (num < < 1) ;i + +)
        {
            insert(rect[line[i].local / 2].indey[0] - 1 ,rect[line[i].local / 2].indey[1] ,line[i].local
% 2 ,size);
            ans + = kabs(seg[1].seglen - ls);
            ls = seg[1].seglen;
            if(i = = num * 2 - 1)
                ans + = abs(seg[1].seglen - ls);
            else if(line[i + 1].coord ! = line[i].coord)
                ans + = seg[1].segnum * 2 * (line[i + 1].coord - line[i].coord);
        }
        return ans;
}
void insert(int ll ,int rr ,int k ,int size)
{
    if(k = = 0)           //第一条线段
        k = 1;            //线段树中的" + "
    else                  //第二条线段
        k = -1;           //线段树中的" - "
    for(ll + = size ,rr + = size ;(ll^rr) ! = 1 ;ll > > =1 ,rr > > =1)
    {
        if(!(ll&1))
        {
            seg[ll + 1].cover + = k;
            update(ll + 1 ,size);
        }
        if(rr&1)
        {
            seg[rr - 1].cover + = k;
            update(rr - 1 ,size);
        }
```

```
            update (ll/2 ,size);
            update (rr/2 ,size);
        }
        int p = ll / 2;
        while (p > = 1)
        {
            update (p ,size);
            p / = 2;
        }
        return ;
}
void update (int p ,int size)       //更新节点
{
        if (seg[p].cover > 0)           //该线段被全部覆盖
        {
            seg[p].lcov = 1;
            seg[p].rcov = 1;
            seg[p].segnum = 1;
            seg[p].seglen = seg[p].length;
        }
        else if (p > size)
        {
            seg[p].lcov = 0;
            seg[p].rcov = 0;
            seg[p].segnum = 0;
            seg[p].seglen = 0;
        }
        else
        {
            seg[p].lcov = seg[p<<1].lcov;
            seg[p].rcov = seg[(p<<1)+1].rcov;
            seg[p].seglen = seg[p<<1].seglen + seg[(p<<1)+1].seglen;
            seg[p].segnum = seg[p<<1].segnum + seg[(p<<1)+1].segnum - seg[p<<1].rcov
* seg[(p<<1)+1].lcov;
```

```
        }
        return;
}
void discreate(int num, char change)        //离散化
{
    for(int i = 0; i < num; i++)
        for(int j = 0; j <= 1; j++)
        {
            if(change == 'y')
                line[(i<<1)+j].coord = rect[i].y[j];
            else
                line[(i<<1)+j].coord = rect[i].x[j];
            line[(i<<1)+j].local = (i<<1)+j;
        }
    sort(line, line+(num<<1), cmp);
    return;
}
```

第5章 数论及计算几何

5.1 数论

5101 最大的质因子

问题描述

对于一个整数来说,例如,13195 的因子有 5、7、13、29,其中 29 是它最大的质因子. 现在问题是这样的,600 851 475 143 的最大的质因子是多少?

☞**样例输入**

600 851 475 143

☞**样例输出**

6857

思路引导

(1) 问题中的数字非常大,我们要选择什么样的数据类型把这个数字存起来?
(2) 我们不知道它最大的因子是多少,我们用什么方法才能快速地求出它的质因子?

解题报告

如果一个数字为 n,那么 n 如果不能整除 2 到 $\sqrt{n}$ 之间的所有整数,那么这个 n 就是一个质数. 对于此题来讲,可以先用程序刨除 2 到 $\sqrt{600\ 851\ 475\ 143}$ 之间的所有质数,然后逐个判断这些质数是否为其因子,如果是就从原数中刨除这个质因子,然后记录之前我们找到的最大质因子,如果原数无法整除我们试过的所有数,则说明原数就是一个质数! 此时,直接输出原数,就是我们要找到的最大的质数了.

```
#include <stdio.h>
#include <stdlib.h>
#include <math.h>
int main()
```

```
    __int64 number,limit,maxnumber;//选择的数据类型为int64
    scanf("%I64d",&number);
    maxnumber = 0;
    limit = (__int64)sqrt(number);//把原数开方存在 limit 里面
    for (int i = 2;i≤limit;i + +)
        if (number%i = =0)
        {
            maxnumber = i;
            while(number%i = =0)
                number/ = i;
        }//找出最大的质因子
if (maxnumber = =0)
    maxnumber = number;
printf("%I64d\n",maxnumber);
return 0;
}
```

5102　求最大公约数

问题描述

给出两个数 A,B,写一个程序求出这两个数的最大公约数.

☞ 输入

包括两个正整数 A,B,其中 $1 \leq A,B \leq 2\,000\,000\,000$.

☞ 输出

一个整数表示 A,B 的最大公约数是多少. $(A \geq B)$

☞ 样例输入

3 6
3 5

☞ 样例输出

2
1

思路引导

很容易想到用 for 循环去做，但是 A, B 很大的时候，这种方法显然很慢，所以需要从公约数的本质去找到一种更快的方法。

解题报告

假设 A 和 B 的最大公约数为 C，则可以设
$$A = X \times C, B = Y \times C$$
只要使 C 前面的系数变为 1，就可求出 A 和 B 的最大公约数。我们可以找到一个适当的 b_1，使得 $A - b_1 \times B \geq 0$ 且 $A - (b_1 + 1) \times B < 0$，此时相减结果为 $(X - b_1 \times Y) \times C$。有两种情况：

(1) $(X - b_1 * Y) = 0$，则 B 就是要求的最大公约数；

(2) $(X - b_1 * Y) \neq 0$，则令其为 $(X - b_1 \times Y) \times C = Y' \times C = B'$，$A' = B$，再做如上操作。

这样就能很快的求出 A 和 B 的最大公约数了。

```
#include <stdio.h>
#include <stdlib.h>
typedef __int64 inta;
inta gcd(inta a,inta b);
int main()
{
    inta a, b;
    while (scanf("%I64d%I64d",&a,&b)!=EOF)
    {
        if (a>b) printf("%I64d\n",gcd(a,b));
        else printf("%I64d\n",gcd(b,a));
    }
    return 0;
}

inta gcd(inta a,inta b)
{
    if (b==0) return a;
    return gcd(b,a%b);
}
```

5103 欧拉函数

问题描述
给定一个数字 N，输出 N 的欧拉函数值.

输入
包含一个正整数 N，$2 \leq N \leq 2\,000\,000\,000$.

输出
一个整数，表示 N 的欧拉函数值.

样例输入
6
5

样例输出
2
4

思路引导
(1) 首先了解什么是欧拉函数.
(2) 欧拉函数都有什么作用和特点.

解题报告
设一个数 $A = a_1^{x_1} \times a_2^{x_2} \times \cdots \times a_n^{x_n}$，那么 A 的欧拉函数
$$phi(A) a_1^{x_1-1} \times (a_1-1) \times a_2^{x_2-1} \times (a_2-1) \times \cdots \times a_n^{x_n-1} \times (a_n-1)$$
我们把这个公式整理一下得到如下公式
$$phi(A) = A \times (a_1-1) \times (a_2-1) \times \cdots \times (a_n-1)/(a_1 \times a_2 \times \cdots \times a_n)$$
当我们整理出来这个公式的时候，不难发现，从这个公式出发能很容易的用程序去实现求 $phi(A)$ 的操作！

具体做法就是先令 $temp = A$，然后每找到一个 A 的质因子就从 $temp$ 中除掉一个此因子然后再乘上 (此因子 -1).

通过这道题目，我们发现在做一些数学类问题时，往往推出的公式能帮我们简化程序.

```
#include <stdio.h>
#include <stdlib.h>
typedef __int64 inta;
```

```
inta phi(inta a);
int main( )
{
    inta a;
    while ( scanf("%I64d",&a)! = EOF)
        printf("%I64d\n",phi(a));
    return 0;
}

inta phi(inta a) //求 a 的欧拉函数值
{
    inta temp = a;
    for (inta i = 2; i * i≤a; i + +)  // 寻找 a 的质因子
        if (a%i = =0)
        {
            while (!(a%i)) a/=i;
            temp = temp/i * (i-1);
        }
    if (a! =1) temp = temp/a * (a-1);
    return temp;
}
```

5104 快速乘方

问题描述

问题很简单,就是我们需要求 $A^k \bmod B$ 的值.

☞输入

包括三个正整数 A,B,k 其中 $1 \leq A < B \leq 10\ 000$, $1 \leq k \leq 2\ 000\ 000\ 000$.

☞输出

一个整数表示 $A^k \bmod B$ 的值.

☞样例输入

2 3 1

2 3 2

第5章 数论及计算几何

☞ **样例输出**
2
1

思路引导
(1) 很多同学很容易就可以想到用 for 循环来个累乘,但是如果 k 很大怎么办?
(2) 从 k 的 2 进制数去思考.
(3) 启发同学们一下,如果知道 $A^{k/2}$ 的值,那么 $A^k = (A^{k/2})^2$,从这点同学们试着举一反三,设计出一个快速的算法.

解题报告
Step1:将 k 写成二进制数 s,$s[1]$ 为其最低位.
Step2:假设我们之前 $i-1$ 位求出来的得数为 Ans,如果 $s[i]$ 位上的数字为 1,那么我们现在的答案就是 ($Ans * A^{2^i} \mod B$),而 $A^{2^{i-1}}$ 在上一步我们是能够算出来的!

快速乘方这个算法其实是一个二分的思想,如果对这个算法还是不太了解,那就看代码册里的程序.这个算法很常用,希望同学们牢记!

```
#include <stdio.h>
#include <stdlib.h>
typedef __int64 inta;
inta modd(inta a,inta k,inta b);
int main()
{
    inta a,b,k;
    while (scanf("%I64d%I64d%I64d",&a,&b,&k)!=EOF)
        printf("%I64d\n",modd(a,k,b));
    return 0;
}
inta modd(inta a,inta k,inta b)
{
    inta temp,ans;
    ans = 1;
    temp = a;
    while (k!=0)
    {
        if (k%2==1) ans = ans*temp%b;
```

287

```
        /*
        第 i 次使用这个判断,判断的是原来 k 的第 i 为是否为 1,
        如果是 1,就把我们前面算出来的 temp 的值乘进去.
        */
        temp = temp * temp % b;
        /*
        计算 a 的 2 的 i+1 次方模 b 的值,为了下一次循环做准备.
        */
        k/ = 2;
        }
    return ans;
    }
```

5105 青蛙的约会

问题描述

两只青蛙在网上相识了,它们聊得很开心,于是觉得很有必要见一面.它们很高兴地发现它们住在同一条纬度线上,于是它们约定各自朝西跳,直到碰面为止.可是它们出发之前忘记了一件很重要的事情,既没有问清楚对方的特征,也没有约定见面的具体位置.不过青蛙们都是很乐观的,它们觉得只要一直朝着某个方向跳下去,总能碰到对方的.但是除非这两只青蛙在同一时间跳到同一点上,不然是永远都不可能碰面的.为了帮助这两只乐观的青蛙,你被要求写一个程序来判断这两只青蛙是否能够碰面,会在什么时候碰面.

我们把这两只青蛙分别叫做青蛙 A 和青蛙 B,并且规定纬度线上东经 0° 处为原点,由东往西为正方向,单位长度 1 m,这样我们就得到了一条首尾相接的数轴.设青蛙 A 的出发点坐标是 x,青蛙 B 的出发点坐标是 y.青蛙 A 一次能跳 m m,青蛙 B 一次能跳 n m,两只青蛙跳一次所花费的时间相同.纬度线总长 L m.现在要你求出它们跳了几次以后才会碰面.

☞ 输入

只包括一行 5 个整数 x,y,m,n,L,其中 $x \neq y < 2\,000\,000\,000$,$0 < m, n < 2\,000\,000\,000$,$0 < L < 2\,100\,000\,000$.

☞ 输出

碰面所需要的跳跃次数,如果永远不可能碰面,则输出一行"Impossible".

第5章 数论及计算几何

☞ **样例输入**

1 2 3 4 5

☞ **样例输出**

4

思路引导

(1)题目明显是一道数学题目,我们要用什么样的表达式表示出各个量之间的关系.

(2)做此题必备的知识点有求解模方程.

(3)在计算机处理余数的时候不能直接把负数模正数的结果变成正数,我们要怎么处理?

解题报告

设两只青蛙需要跳 p 步才可以相遇,那么原题就变成了要求一个 p 使得其满足这样的关系

$$(m \times p + x) \mod L = (n \times p + y) \mod L = b$$

整理后得到

$$[(m-n) \times p + x - y] \mod L = 0$$

也就是说,我们需要求出这样一个 p ,使得

$$P \times ((m-n) \mod L) + L \times q = (y-x) \mod L$$

替换后我们得到一个方程

$$a \times x + b \times y = c$$

解出其中的 x 和 y,x 就是我们原式要求的 p 了. 具体的解题中,我们还将涉及计算机在求模时的一些不足,就是在用负数对正数求模的时候,结果是一个负数,那么此时我们在求出的结果上加上一个被模数然后再对被模数取余就可以了.

```
#include <iostream>
#include <cstdio>
#include <cstdlib>
#include <cstring>
typedef __int64 ina;
using namespace std;
ina s,a,b,x,y,m,n,l,x1,x2,temp;
ina gcd(ina a,ina b);
int main()
{
```

```
    while ( scanf( "%I64d%I64d%I64d%I64d%I64d" ,&x,&y,&m,&n,&l) ! = EOF)
    {
        a = ((m - n)%l + l)%l;    //求模时的特殊处理,保证了 a 为正整数
        s = (y - x)%l;
        if (s < 0)
            s + = l;
        b = l;
        temp = gcd(b,a);
        if (s%temp! = 0)    //判断无解的情况
        {
            printf("Impossible\n");
            continue;
        }
        s/ = temp;
        gcd(b/temp,a/temp);
        b/ = temp;
        x2 = (x2%b + b)%b;
        printf("%I64d\n",x2);
    }
    return 0;
}
ina gcd(ina a,ina b)    //扩展欧几里得算法求,$x_1 \times a + x_2 \times b = s$ 中的 $x_1$ 和 $x_2$
{
    if (b = = 0)
    {
        x1 = s;
        x2 = 0;
        return a;
    }
    ina r = gcd(b,a%b);
    ina t = x1;
    x1 = x2;
    x2 = t - x2 * (a/b);
    return r;
}
```

5106 跳蚤

问题描述

Z城市居住着很多只跳蚤.在Z城市周六生活频道有一个娱乐节目.一只跳蚤将被请上一个高空钢丝的正中央.钢丝很长,可以看作是无限长.节目主持人会给该跳蚤发一张卡片.卡片上写有 $N+1$ 个自然数.其中最后一个是 M,而前 N 个数都不超过 M,卡片上允许有相同的数字.跳蚤每次可以从卡片上任意选择一个自然数 S,然后向左或向右跳 S 个单位长度.而它最终的任务是跳到距离他左边一个单位长度的地方,并捡起位于那里的礼物.比如,当 $N=2,M=18$ 时,持有卡片 $(10,15,18)$ 的跳蚤,就可以完成任务:它可以先向左跳 10 个单位长度,然后再连向左跳 3 次,每次 15 个单位长度,最后再向右连跳 3 次,每次 18 个单位长度.而持有卡片 $(12,15,18)$ 的跳蚤,则怎么也不可能跳到距它左边一个单位长度的地方.当确定 N 和 M 后,显然一共有 M^N 张不同的卡片.现在的问题是,在这所有的卡片中,有多少张可以完成任务?

输入

包括两个整数 N 和 $M(N\leq 15, M\leq 100\,000\,000)$.

输出

可以完成任务的卡片数.

样例输入

2 4

样例输出

12

样例说明

这 12 张卡片分别为
$(1,1,4),(1,2,4),(1,3,4),(1,4,4),(2,1,4),(2,3,4)$
$(3,1,4),(3,2,4),(3,3,4),(3,4,4),(4,1,4),(4,3,4)$

思路引导

(1)了解一次线性方程有解的条件,然后把此题看做一次线性方程组.
(2)了解简单的乘法原理.
(3)尽可能使用最少的代码量来解决此问题.

解题报告

我们设第 i 张卡片的值为 D_i,使用的次数为 X_i(X_i 正负代表跳蚤跳的方向),则 D_i 和 X_i

应该满足如下关系 $\sum_{i=1}^{N} D_i X_i = 1$，这是一个一次线性方程，其有解的条件为所有 D 的最大公约数为 1。根据题目要求，我们来构造我们的解，以 $n=4, m=60$ 为例。

Step1：把 m 分解质因数得到：$60 = 2 \times 2 \times 3 \times 5$。

Step2：通过简单的公式计算得到：答案 = ($m \wedge n$) – (有公因数 2 的 n 元组) – (有公因数 3 的 n 元组) – (有公因数 5 的 n 元组) + (有公因数 2,3 的 n 元组) + (有公因数 2,5 的 n 元组) + (有公因数 3,5 的 n 元组) – (有公因数 2,3,5 的 n 元组)。有公因数 d 的 n 元组，每个位置上有 (m/d) 个选择（1~m 里面有 m/d 个 d 的倍数），根据乘法原理，可以得出有公因数 d 的 n 元组有 $(m/d)^n$ 个。

易得如下解法：

(1) 求出 m 的所有因子存入数组 factor。

(2) 筛选出所有符合条件的因子，即此因子中所含有的某个质数的个数不能大于 1，形成新的 factor 数组，其中含有元素 total 个。

(3) answer = $\sum_{i=1}^{total} -(1)^k \times (m/\text{factor}_i)^n$，其中 k 为 factor_i 所含质因子的个数（1 含有 0 个质因子）。

(4) 某些地方的求法可以借鉴标准程序来简化自己的代码，使自己的程序效率更高。

```
#include <stdio.h>
#include <stdlib.h>
typedef __int64 inta;
typedef struct
{
    inta num,many; // num 记录因子,many 记录此因子的质因子的个数
} node;
node factor[10000];
inta total;
inta pow(inta x,inta y);
void Generation_Factors(inta x);
int main()
{
    inta n,m,sum;
    while (scanf("%I64d%I64d",&n,&m)! = EOF)
    {
```

```
            sum = 0;
            Generation_Factors(m);
            for (int i = total; i > = 0; i - -)
            {
                if (factor[i].many%2)
                    sum - = pow(m/factor[i].num, n);
                else
                    sum + = pow(m/factor[i].num, n);
            }
            printf("%I64d\n", sum);
        }
    return 0;
    }
inta pow(inta x, inta y)  //计算 x 的 y 次方的值
{
    __int64 temp;
    temp = x;
    for (int i = 1; i < y; i + +)
        temp * = x;
    return temp;
}
void Generation_Factors(inta x)  //生成 x 的所有因子
{
    total = 0;
    factor[0].num = 1;
    factor[0].many = 0;
    for (int i = 2; i * i ≤ x; i + +)
        if (x%i = =0)
        {
            while (!(x%i)) x/ = i;
            for (int j = 0; j ≤ total; j + +)
            {
                factor[total + 1 + j].num = i * factor[j].num;
                factor[total + 1 + j].many = factor[j].many + 1;
```

```
                    }
                    total = total * 2 + 1;
                }
        if (x! = 1)
        {
            for (int i = 0; i ≤ total; i + +)
            {
                factor[total + 1 + i].num = x * factor[i].num;
                factor[total + 1 + i].many = factor[i].many + 1;
            }
            total = total * 2 + 1;
        }
    }
}
```

5107 幸运数字

问题描述

中国人喜欢数字 8，那么现在我们给你一个数字 n，让你求出最少几个连续的 8 能整除 n，如果没有解，则输出 "0"。

输入

包括多组测试数据，每组测试数据一个正整数 $n (1 \leq n \leq 2\,000\,000\,000)$，当输入的 n 为 0 时结束。

输出

具体格式见样例输出，最后一个整数为能整除 n 的全 8 数字的最小位数。

样例输入

```
1
6
16
0
```

样例输出

```
Case 1: 1
Case 2: 3
```

第5章 数论及计算几何

Case 3: 0

思路引导

(1) 题目中给的 n 很大,我们要用什么样的数据类型去存储这个 n.
(2) 要用到欧拉函数、快速乘方、模特殊处理等知识.
(3) 用什么样的公式,使其结果总为全 8 数字呢?

解题报告

题目要求我们求全 8 数字的位数,那么我们先构造一个全 8 数字为 $[8/9 \times (10^x - 1)]$,其中 x 为全 8 数字的位数. 那么原题就变成了,我们要求一个最小的 x,满足

$$[9/8 \times (10^x - 1)] \bmod n = 0$$

则存在一个 y 使得

$$9/8 \times (10^x - 1) + n \times y = 0$$

$$10^x + 9 \times n \times y/8 = 1$$

$$10^x \bmod 9 \times n/\gcd(n,8) = 1$$

令 $9 \times n/\gcd(n,8) = m$,则我们要求一个最小的 x 使

$$10^x \bmod m = 1 \quad ①$$

根据欧拉公式可知,此方程有解的条件为 $\gcd(x,m) = =1$;且我们知道一个解为 $X = phi(m)$,从而可知,我们要求的最小的 x 肯定为 X 的一个因子(包括 1 和 X),此时我们只要枚举 X 的因子然后判断①式是否成立. 我们在用程序实现这个算法的时候,其中有一个知识就是模特殊处理,这个在代码册中已经标注来了.

```
#include <stdio.h>
#include <stdlib.h>
#include <algorithm>
#include <math.h>
using namespace std;
typedef __int64 inta;
inta mod(inta a,inta b,inta c);
inta modd(inta a,inta b,inta c);
void Generation_Factors(inta x);
inta gcd(inta a,inta b);
inta phi(inta x);
inta c[10000];
int many;
```

```c
int main()
{
    inta n,l,m,Min;
    int tcase =0;
    while(scanf("%I64d",&n)! =EOF)
    {
        if (n= =0)
            break;
        printf("Case %d: ",+ +tcase);
        l =9*n/gcd(n,8);
        Min =l +1;
        if (!(l%2)||!(l%5)) //无解的条件
        {
            printf("0\n");
            continue;
        }
        m =phi(l); //求 L 的欧拉函数,然后赋给 m
        Generation_Factors(m); //求 m 的所有因子
        for (int i =1;i≤many;i+ +)
            if (c[i] <Min&&modd(10,c[i],l)= =1) //判断这些因子是否符合条件
                Min =c[i];
        printf("%I64d\n",Min); //输出符合条件的最小解
    }
    return 0;
}
inta mod(inta a,inta b,inta c) //特殊处理的 a×b mod c 求值运算
{
    inta t1,t2,t3,t4,k =1000000,temp;
    t1 =a/k; t2 =a%k; t3 =b/k; t4 =b%k;
    temp =(((k*k)%c)*((t1*t3)%c)+(t2*t3)%c*k%c+(t1*t4)%c*k%c+(t2*t4)%c)%c;
    return temp;
}
inta gcd(inta a,inta b) //辗转相除求最大公约数
```

```
{
    if (a < b) swap(a,b);
    if (b = =0)
        return a;
    return gcd(b,a%b);
}
inta phi(inta x)  //求 x 的欧拉函数
{
    inta temp = x;
    for (inta i = 2;i * i≤x;i + +)
        if (! (x%i))
        {
            while (! (x%i)) x/ = i;
            temp = temp/i * (i - 1);
        }
    if (x! = 1)
        temp = temp/x * (x - 1);
    return temp;
}
void Generation_Factors(inta x)  //生成 x 的所有因子,结果保存在 c 数组里
{
    inta ss,sk;
    c[1] = 1;
    many = 1;
    for (inta i = 2;i * i≤x;i + +)
        if (! (x%i))
        {
            ss = 1;
            while (! (x%i))
            {
                sk = many;
                for (inta j = ss;j≤sk;j + +)
                    c[ + +many] = c[j] * i;
                x/ = i;
```

```
                        ss = sk + 1;
                    }
                }
            sk = many;
            if ( x! =1 )
                for ( inta i = 1;i≤sk;i + + )
                    c[ + + many] = c[i] * x;
        }
inta modd( inta a,inta b,inta c) //快速计算 a 的 b 次方模 c 的值
{
    inta ans,temp;
    ans = 1; temp = a%c;
    while ( b! =0 )
    {
        if ( b%2 ) ans = mod( ans,temp,c) ;
        temp = mod( temp,temp,c) ;
        b/ = 2;
    }
    return ans;
}
```

5108 $N^3 + P \times N^2 = M^3$

问题描述

给出一个质数 P,问是否存在两个正整数 N,M 使得满足 $N^3 + P * N^2 = M^3$。

☞输入

一个质数 P,$1 \leq P \leq 2\ 000\ 000\ 000$,如果存在解输出"YES",否则输出"NO"。

☞样例输入

5
7

☞样例输出

NO
YES

第5章 数论及计算几何

思路引导

题目中的 P 为质数,解题的时候就应该从质数的一些性质着手.

解题报告

P 是质数,所以 $\gcd(N, N+P) = 1 \text{ or } P$. 如果最大公约数为 P, 设 $N = XP$, 则原式就是 $(X+1) \times X^2 \times P^3 = M^3$, 在整数范围内显然没有解,所以 $\gcd(N, N+P) = 1$. 原式写成
$$N^2 * (N+P) = M^3$$

也就是说,式子右边的每种质因子有三的整数倍个,相应的左边也是,再根据我们之前证明的 $\gcd(N, N+P) = 1$ 条件,可知 $N = A^3, N+P = B^3$, 那么 $P = (B-A) \times (A^2 + A \times B + B^2)$. 根据质数的性质,我们易知 $B - A = 1$, 带入原式得, $P = 3 \times A^2 + 3 \times A + 1$. 也就是说,原题给我们一个质数 P, 我们只要找到一个正整数 A 使得其满足上式,就说明这个质数肯定能为原方程找到解. 通过这道题目,说明解决数学问题的一种方法,就是从一些特殊的地方下手,抓住数字的特点.

```
#include <stdio.h>
#include <stdlib.h>
typedef __int64 inta;
inta Binary_search(inta p);
int main()
{
    inta p;
    while (scanf("%I64d",&p)! = EOF)
        if (Binary_search(p))
            printf("YES\n");
        else
            printf("NO\n");
    return 0;
}
inta Binary_search(inta p) //二分查找一个解 A 满足方程 3×A²+3×A+1 = P
{
    inta min = 1, max = 100000, mid, temp;
    mid = (max + min)/2;
    while (min≤max)
    {
```

```
        temp = 3 * mid * mid + 3 * mid + 1;
        if ( temp = = p )
            return mid;
        if ( temp < p )
            min = mid + 1;
        else
            max = mid - 1;
        mid = ( min + max )/2;
    }
    return 0;
}
```

5109　Clever Y

问题描述

给定一个公式：

$$X^Y \bmod Z = K$$

输入

包括多组测试数据，每组测试数据包括三个整数 $X, Z, K (0 \leq X, Z, K \leq 10^9)$，当输入"0 0 0"时，输入停止。

输出

对于每组输入数据，输出一个整数表示满足公式的最小的 Y 值，若找不到这个样的 Y 值，则输出"No Solution"。

样例输入

5 58 33
2 4 3
0 0 0

样例输出

9
No Solution

思路引导

(1) 不能用循环去求这个 Y，这种做法对小数据的 Y 还是管用的，但是对于 Y 再大一些就不好使了.

(2)是否能确定 Y 的上限和下限呢?

(3)确定上下限后,我们要把 Y 拆成什么形式才能避免做一些不必要的根本不是结果的运算.

解题报告

做这道题目的算法有一个很可爱的名字:baby – step gaint – step. 这个算法是这样做的:

Step1:首先我们可以确定 Y 的下限是 0 上限是 Z,现在令 $N=\lceil\sqrt{Y}\rceil+1$,($\lceil\ \rceil$为上取整符号).

Step2:然后我们要把 $X^1\sim\sim X^N \bmod Z$ 的值存到一个 hash 表 S 里面.

Step3:把 $X^{0\times N}\sim\sim X^{N\times N} \bmod Z$ 的值一一枚举出来,每枚举一个就寻找在 hash 表 S 里面是否有一个值 A 满足 $A\times X^{i\times N} \bmod Z=K$,则我们就找到答案了!

Step4:我们的答案就是 $i\times N+A$ 的值对应的原来 X 的幂数.

```
#include <iostream>
#include <cmath>
#include <cstdlib>
#include <cstdio>
#include <cstring>
#include <algorithm>
using namespace std;
typedef __int64 inta;
typedef struct
{
    inta val,j;
    bool s;
} forhash;
inta x,y,cun;
forhash hash[500000] = {0};
inta gcd(inta a,inta b,inta s);
inta gcd2(inta a,inta b);
inta fun(inta many,inta ji,inta p);
void insert(inta val);
inta find(inta val);
```

```
inta babystep(inta a,inta b,inta c);
int main()
{
    inta aa,bb,cc,dd;
    while (scanf("%I64d%I64d%I64d",&aa,&bb,&cc)&&(aa||bb||cc))
    {
        dd = babystep(aa,bb,cc);
        if (dd+1)
            printf("%I64d\n",dd);
        else
            printf("No Solution\n");
    }
    return 0;
}
inta gcd(inta a,inta b,inta s)//加上求解模方程的辗转相除
{
    if (a<b) swap(a,b);
    if (b==0)
    {
        x = s; y = 0;
        return a;
    }
    inta r = gcd(b,a%b,s);
    inta t = x;
    x = y; y = t-(a/b)*y;
    return r;
}
inta gcd2(inta a,inta b)//纯辗转相除法
{
    if (a<b) swap(a,b);
    if (b==0)
    {
        cun = a;
        return a;
```

```
    }
    return gcd2(b,a%b);
}
inta fun(inta many,inta ji,inta p)//快速求 many 的 ji 次方模 p 的值
{
    inta ans = many,temp;
    temp = 1;
    while (ji)
    {
        if (ji%2)
            temp = temp * ans% p;
        ans = ans * ans% p;
        ji/ = 2;
    }
    return temp;
}
void insert(inta val) //把值插入到 hash 表里面
{
    inta temp = val%499997;
    while (hash[temp].s&&hash[temp].val! = val)
    {
        temp + + ;
        if (temp > = 500000)
            temp = 0;
    }
    if ( ! hash[temp].s)
    {
        hash[temp].val = val;
        hash[temp].s = true;
        hash[temp].j = x;
    }
}
inta find(inta val)//从 hash 表里面找到我们期望找到的值,找不到返回 - 1
{
```

```
        int temp = val%499997;
        while (hash[temp].s)
        {
            if (hash[temp].val = = val)
                return hash[temp].j;
            temp + + ;
            if (temp > = 500000)
                temp = 0;
        }
        return - 1;
}
inta babystep(inta a,inta b,inta c)//baby - step 的具体步骤
{
        inta t,lasta,lastx,n,ans;
        if (b = = 0)
            return - 1;
        memset(hash,0,sizeof(hash));
        a% = b;c% = b;
        lasta = 1%b; lastx = 0;
        while (gcd2(a,gcd2(b,c))! = 1)//刨除 a,b,c 三个数字的公共因子
        {
            lasta = lasta * (a/cun);
            lasta% = b;
            lastx + + ;
            c/ = cun; b/ = cun;
        }
        a% = b;
        n = (int)ceil(sqrt(b/1.0));
        t = lasta%b;
        for (x = 0;x≤n;x + + )//把值插入到 hash 表中
        {
            if (t = = c)
                return x + lastx;
            insert(t);
```

```
            t = (inta)(t*a)%b;
    }
    t = fun(a,n,b);
    lasta = 1%b;
    for (int i = 0;i*n≤b;i++)
    {
        gcd(b/gcd2(lasta,b),lasta/cun,c/cun);
        if (c%cun)
            continue;
        y = (y%(b/cun)+(b/cun))%(b/cun);
        while (y≤b)//从hash表中寻找我们期望找到的y,如果找到了,返回结果
        {
            ans = find(y);
            if (ans+1)
                return i*n+ans+lastx;
            y += b/cun;
        }
        lasta = lasta*t%b;
    }
    return -1;
}
```

5110　$X^a \bmod b = c$

问题描述

现有一公式：$X^a \bmod b = c$. 给出 a,b,c，求出所有满足条件的 X.

☞ 输入

包括多组数据，每组数据三个正整数 $1 \leq a,b,c \leq 10^9$，其中 b 总是质数。

☞ 输出

每组数据输出若干行，每一行代表了满足方程的一个 X 的解，解的顺序按照从小到大输出，最后输出一个空行. 没有解输出 "No Solution！"

☞ 样例输入

3 13 8

2 3 2

☞ **样例输出**

2
5
6
No Solution!

思路引导

(1) 提前了解原根的定义.

(2) 想想用我们之前学过的什么算法,再配合上原根可以解决这道题目.

解题报告

当我们知道了什么是原根的时候,那么这道题目再加上我们之前学的 baby-step gaint-step 算法就很好解决了. 首先我们求出 b 的一个原根 broot,在这里我们求原根的方法很简单,因为有:$A^{phi(b)} \mod b = 1$ 所以我们求出 $phi(b)$ 的所有因子,然后逐一判断 $A^{factor(phi(b))} = 1$,如果其中有一个值为1,说明这个数字 A 不是 b 的原根,我们就继续用这个方法判断 $A+1$ 是不是 b 的原根. 直到找到 b 的一个原根 broot 为止,同学们可能担心这种做法会很费时间,其实当 b 为质数的时候,b 的原根是很多的,我们只需要从 2 开始判断就行了,很快就能找到 b 的一个原根. 这样我们利用 baby - step gaint - step 求出一个 t_1,使得 broot$^{t_1} \mod b = c$,再令 $t_2 = b - 1$,这样我们就知道 broot$^{t_1 + y \times t_2} \mod b = c$,其中 $t_1 + y \times t_2 \mod a = 0$,这样我们只需要求出所有不重复的 y 值,然后我们要的答案就是所有不重复的 broot$^{\frac{t_1 + y \times t_2}{a}}$ 的值,然后对我们求出的所有答案进行排序从小到大输出就可以了.

```
#include <iostream>
#include <algorithm>
#include <cmath>
#define MAX 10000005
using namespace std;
typedef __int64 inti;
typedef struct
{
    inti num,ji;
} node;
inti x,y,many;
```

```
node hash[500000];
inti cc[10000];
inti zan[100];
inti prime[MAX] = {0};
inti gcd(inti a, inti b, inti s);
void pan(inti a);
inti mod(inti a, inti b, inti c);
inti modd(inti a, inti b, inti c);
inti babystep(inti a, inti b, inti c);
bool cmp(node a, node b);
inti findd(inti a, inti b, inti c);
int main()
{
    inti a, b, c, broot;
    inti t1, t2, temp, ans1, ans, temp2, temp3;
    inti ansc[1000];
    for (int i = 2; i * i <= 100000; i + +)
        if (! prime[i])
            for (int j = 2 * i; j <= 100000; j + = i)
                prime[j] = 1;
    for (int i = 2; i <= 100000; i + +)
        if (! prime[i])
            prime[ + + prime[0]] = i;
    bool can;
    inti cas = 0;
    while (scanf("%I64d%I64d%I64d", &a, &b, &c) ! = EOF)
    {
        if (c = = 0)
        {
            printf("0\n\n");
            continue;
        }
        ansc[0] = 0;
        memset(hash, 0, sizeof(hash));
```

```
        pan(b-1);
        c% = b;
        for(int i = 2;i;i++)//求出 b 的一个原根 broot
        {
            can = true;
            for(int j = 1;j < many&&can;j++)
                if(mod(i,cc[j],b) == 1)
                    can = false;
            if(can)
            {
                broot = i;
                break;
            }
        }
        t1 = babystep(broot,b,c);//利用 baby-step 求出 broot^t1 mod b = c 中的最小的 t1
        t2 = b-1;
        a% = t2;
        //从第 65 行一直到 84 行使用扩展欧几里得算法求出所有满足条件的 y 的值
        //然后求出相应的 broot^((t1+t2*y)/a) 的值
        temp = gcd(t2,a,t1);
        if(t1%temp)//判断误解的情况
        {
            printf("No Solution!\n\n");
            continue;
        }
        gcd(t2/temp,a/temp,t1/temp);
        temp2 = t2/temp;
        y = (y%temp2 + temp2)%temp2;
        ans1 = mod(broot,y,b);
        ansc[++ansc[0]] = ans1;
        y+ = temp2;
        ans = mod(broot,y,b);
        while(ans! = ans1)
        {
```

```
                    ansc[++ansc[0]] = ans;
                    y += temp2;
                    y %= (b-1);
                    ans = mod(broot, y, b);
                }
            sort(ansc+1, ansc+1+ansc[0]);//对答案进行排序
            for(int i=1; i<=ansc[0]; i++)
                printf("%I64d\n", ansc[i]);
            printf("\n");
        }
    return 0;
}
inti gcd(inti a, inti b, inti s)
{
    if(b==0)
    {
        x = s;
        y = 0;
        return a;
    }
    inti r = gcd(b, a%b, s);
    inti t = x;
    x = y;
    y = t - (a/b)*y;
    return r;
}
void pan(inti a)//求出 a 的所有因子,结果保存在数组 cc 里面
{
    int w, ss, sk;
    many = 1;
    cc[many] = 1;
    w = 1;
    while(prime[w]*prime[w]<=a)
    {
```

```
            ss = 1;
            while ( a% prime[w] = = 0 )
            {
                sk = many;
                for ( int i = ss;i≤sk;i + + )
                {
                    many + + ;
                    cc[ many ] = cc[ i ] * prime[ w ];
                }
                a/ = prime[ w ];
                ss = sk + 1;
            }
            w + + ;
        }
        sk = many;
        if ( a! = 1 )
            for ( int i = 1;i≤sk;i + + )
            {
                many + + ;
                cc[ many ] = cc[ i ] * a;
            }
}
inti mod( inti a,inti b,inti c )//求 a 的 b 次方模 c 的结果
{
    inti ans = 1,temp = a% c;
    while ( b )
    {
        if ( b%2 )
            ans = ans * temp% c;
        temp = temp * temp% c;
        b/ = 2;
    }
    return ans;
}
```

第 5 章 数论及计算几何

```
inti babystep(inti a, inti b, inti c)//baby-step 算法
{
    inti n, temp, ans, temp2;
    int many;
    n = (__int64)ceil(sqrt(b));
    hash[1].ji = 0;
    hash[1].num = 1;
    for (int i = 1; i ≤ n; i++)
    {
        hash[i+1].ji = i;
        hash[i+1].num = hash[i].num * a % b;
    }
    sort(hash+1, hash+2+n, cmp);
    many = 1;
    for (int i = 2; i ≤ n+1; i++)
        if (hash[i].num! = hash[many].num)
        {
            many++;
            hash[many].num = hash[i].num;
            hash[many].ji = hash[i].ji;
        }
        else
        {
            if (hash[i].ji < hash[i-1].ji)
                hash[i-1].ji = hash[i].ji;
        }
    temp = findd(1, many, c);
    if (temp >= 0)
        return temp;
    ans = mod(a, n, b);
    temp = ans;
    for (int i = 1; i * n ≤ b; i++)
    {
        gcd(b, ans, c);
```

311

```
            y = ( y%b + b )%b;
            temp2 = findd( 1, many, y );
            if ( temp2 > =0 )
                return i * n + temp2;
            ans = ans * temp%b;
        }
        return -1;
}
bool cmp( node a, node b )
{
        if ( a.num < b.num )
            return true;
        return false;
}
inti findd( inti a, inti b, inti c )
{
        inti ma, mi, mid;
        ma = b;
        mi = a;
        mid = ( ma + mi )/2;
        while ( mi ≤ ma )
        {
            if ( hash[ mid ].num = = c )
                return hash[ mid ].ji;
            if ( hash[ mid ].num > c )
                ma = mid - 1;
            else
                mi = mid + 1;
            mid = ( ma + mi )/2;
        }
        return -1;
}
```

第5章 数论及计算几何

5.2 计算几何

5201 Pick – up sticks

问题描述

小丹手里有 n 根不同长度的木棍,她一根一根地按顺序把它们丢到地上,木棍在地上的位置是随机的.后面丢的木棍一定在前面丢的木棍的前面,现在需要让你求出丢完所有木棍后,最上面一层木棍的编号.

输入

每中情况第一行是 $n(1 \leq n \leq 100\ 000)$ 木棍的数目,接下来 n 行是按顺序丢的每根木棍的两个端点坐标.输入当 n 为 0 时结束.

输出

没次输出随上面一层木棍的编号,按升序.

样例输入

```
5
1 1 4 2
2 3 3 1
1 -2.0 8 4
1 4 8 2
3 3 6 -2.0
3
0 0 1 1
1 0 2 1
2 0 3 1
0
```

样例输出

Top sticks: 2, 4, 5.
Top sticks: 1, 2, 3.

思路引导

(1) 题目求解的是最上层的木棍,但是总的木棍数据范围较大,但是最上层木棍的数据范围不很大,所以一边输入,一边更新记录最上层的木棍.

(2)判断线段是否相交利,用快速排斥试验结合跨立试验.

解题报告

题目要求解的是按顺序放木棍后,最上面一层的木棍编号. 由于输入的木棍数据范围很大,但最上层的木棍的数据范围不是很大,就可以放一根木棍更新记录一下最上层的木棍,这样可以解决问题.

```
#include <stdio.h>
#include <stdlib.h>
#include <string.h>
struct Line
{
    double x1;
    double y1;
    double x2;
    double y2;
}line[100010];//记录线段
double min(double a,double b)
{
    if(a>b)
        return b;
    else return a;
}
double max(double a,double b)
{
    if(a>b)
        return a;
    else return b;
}
double multi(double x1,double y1,double x2,double y2,double x0,double y0)
{
    return (x1-x0)*(y2-y0)-(y1-y0)*(x2-x0);
}//叉乘判断点与线的位置关系
int ON_SEGMENT(int a,int b)//排斥试验,判断以两线段为对角线的矩形是否相交
{
```

```
        if(min(line[a].x1,line[a].x2)≤max(line[b].x1,line[b].x2)
        &&min(line[b].x1,line[b].x2)≤max(line[a].x1,line[a].x2)
        &&min(line[a].y1,line[a].y2)≤max(line[b].y1,line[b].y2)
        &&min(line[b].y1,line[b].y2)≤max(line[a].y1,line[a].y2))
            return 1;
        else return 0;
}
int Intersect(int a,int b)//跨立实验,判断两线段是否相交
{
    double d1,d2;
    if(ON_SEGMENT(a,b)==0)//用排斥试验来减少情况
        return 0;
    else
    {
        d1 = multi(line[b].x1,line[b].y1,line[a].x2,line[a].y2,line[a].x1,line[a].y1)
        *multi(line[b].x2,line[b].y2,line[a].x2,line[a].y2,line[a].x1,line[a].y1);
        d2 = multi(line[a].x1,line[a].y1,line[b].x2,line[b].y2,line[b].x1,line[b].y1)
        *multi(line[a].x2,line[a].y2,line[b].x2,line[b].y2,line[b].x1,line[b].y1);
        if(d1<0&&d2<0)
            return 1;
        else return 0;
    }
}
int main()
{
    int n;
    int i,j;
    int top[1010];
    int top1[1010];
    int t,p;
    while(scanf("%d",&n)!=EOF&&n!=0)
    {
        t=0;//记录当前最上层木棍数
        memset(top,0,sizeof(top));//用于更新最上层木棍数
```

```
       memset(top1,0,sizeof(top1));//记录当前最上层木棍编号
       for(i=1;i≤n;i++)
       {
           scanf("%lf%lf%lf%lf",&line[i].x1,&line[i].y1,&line[i].x2,&line[i].y2);
           top1[++t]=i;
           for(j=t-1;j>=1;j--)
               if(Intersect(top[j],i)==1)
                   top1[j]=0;//去掉被覆盖的原最上层木棍
           p=0;
           for(j=1;j≤t;j++)//更新最上层木棍
               if(top1[j]!=0)
                   top[++p]=top1[j];
           for(j=1;j≤p;j++)
               top1[j]=top[j];
           t=p;
       }
       printf("Top sticks:");
       for(i=1;i<t;i++)
           printf(" %d,",top1[i]);
       printf(" %d.\n",n);
   }
```

5202 Buggy Sat

问题描述

现在有一种新研发的卫星,它配备了一种智能的相机,这种相机对拍摄地球上的图片中有公路连接的一片封闭的城市区域进行压缩处理.这样就需要不同的区域之间没有相交的部分.但是最近科学家发现了一种 bug 图片,如右图,它的最外一层轮廓就不符合条件.

其中城市间的公路有如下连接要求:
(1)图片中所有的城市至少有两条公路和其他城市连接;
(2)每对城市之间一定会有一条路径;

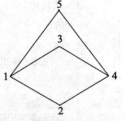

第5章 数论及计算几何

(3) 每对城市之间至多有一条公路;

(4) 每条公路不相互交叉.

现在需要你写一个程序求出最外层的区域.

☞ **输入**

第一行一个整数 $N(1 \leq N \leq 20)$,测试的情况. 每组测试数据的第一行是图片中城市的数目 $n(1 \leq n \leq 50)$,接下来的 n 行是 n 个城市的坐标,每行两个整数. 下一行是整数 $m(1 \leq m \leq 50)$,表示有多少可以压缩的区域. 接下来的 m 行中,每行给出每个区域的轮廓上的城市编号,按照顺时针或逆时针.

☞ **输出**

输出最外轮廓在 m 个区域中的编号.

☞ **样例输入**

```
1
5
2 6
4 4
4 7
8 6
4 10
3
4 1 2 4 3
4 1 3 4 5
4 1 2 4 5
```

☞ **样例输出**

```
3
```

思路引导

题目要求解外轮廓多边形的编号,由于外轮廓多边形给出,这样面积最大的多边形就是外轮廓多边形.

解题报告

题目要求解的是外轮廓多边形的编号,同时外轮廓多边形已经给出,这样面积最大的多边形就是外轮廓多边形. 求解面积时将多边形划分为多个三角形求其面积之和,三角形面积利用叉积.

```c
#include <stdio.h>
#include <stdlib.h>
#include <string.h>
struct Point
{
        double x;
        double y;
} point[51];//点集
int node[51];//当前多边形的顶点
double multi(int a,int b)//叉积
{
        return point[a].x*point[b].y-point[b].x*point[a].y;
}
double Area(int n)//求多边形的面积
{
        int i;
        double area;
        area=0;
        for(i=1;i<=n;i++)
                area+=multi(node[i-1],node[i%n])/2.0;//三角形面积之和
        return area;
}
int main()
{
        int N;
        int i,j;
        int n,m,num;
        double area,area1;
        int det;//记录外轮廓多边形编号
        scanf("%d",&N);
        while(N--)
        {
                scanf("%d",&n);
                for(i=1;i<=n;i++)
```

```
                scanf("%lf%lf",&point[i].x,&point[i].y);
        scanf("%d",&m);
        area = 0;
        det = 0;
        for(i = 1;i≤m;i++)
        {
                scanf("%d",&num);
                for(j = 0;j < num;j++)//录入当前多边形顶点,按逆时针
                        scanf("%d",&node[j]);
                area1 = Area(num);
                if(area1 > area)//找面积最大的
                {
                        area = area1;
                        det = i;
                }
        }
        printf("%d\n",det);
    }
}
```

5203　Brookebond s'en va en guerre...

问题描述

我们要帮助一个元帅计算出地球上两点之间的球面距离,从而帮助他取得战争的胜利. 通过测量发现地球的半径是 6 370 km. 但是地球上的这两点能给出的只是他们的纬度和经度. 纬度是从赤道到两极逐渐从 0° 到 90°,经度最大为东或西经 180°. 本题中纬度和经度都是有度和分的.

☞ 输入

前两行分别给出了两个点的纬度和经度,其中(N、S、E、W)表示方向.

☞ 输出

输出两点间的球面距离,距离的经度是 1 m.

☞ 样例输入

55 0 N 40 0 E

59 0 N 49 30 E

☞ **样例输出**

725.979

思路引导

题目给出地球上的两点的纬度和经度,然后求这两点的球面距离;利用公式 $A \times R$ 即可 (A 为两点的圆心角,R 为地球半径).其中的计算主要利用角度转换.

解题报告

设地球上某点的经度为 lambda,纬度为 phi,则空间坐标为

$x = \cos(\text{phi}) \times \cos(\text{lambda})$, $y = \cos(\text{phi}) \times \sin(\text{lambda})$, $z = \sin(\text{phi})$;

设地球上两点的空间坐标分别为 (x_1, y_1, z_1),(x_2, y_2, z_2),可利用余弦公式推得两点的圆心角为:$A = \cos(x_1 \times x_2 + y_1 \times y_2 + z_1 \times z_2)$,则两地的球面距离为 $a \times R$,R 为地球半径.公式中 R 在计算中可以消去,所以不写上.

```c
#include <stdio.h>
#include <stdlib.h>
#include <math.h>
#define pi acos(-1.0)//3.14...
struct Point
{
    double x,y,z;
};
int main()
{
    double w1,wm1,j1,jm1,wd1,wd2;
    double w2,wm2,j2,jm2,jd1,jd2;
    double a;
    Point p1,p2;
    char chr1,chr2;
    while(scanf("%lf%lf%c%lf%lf%c",&w1,&wm1,&chr1,&j1,&jm1,&chr2)!=EOF)
    {
        wd1 = (w1 + wm1/60) * pi/180;//纬度与经度化为弧度制
        jd1 = (j1 + jm1/60) * pi/180;
        if(chr1 == 'S')//处理正负
```

```
                wd1 * = -1.0;
            if(chr2 = = 'W')
                jd1 * = -1.0;
            p1.x = cos(wd1) * cos(jd1);//求坐标
            p1.y = cos(wd1) * sin(jd1);
            p1.z = sin(wd1);
            scanf("%lf %lf %c %lf %lf %c",&w2,&wm2,&chr1,&j2,&jm2,&chr2);
            wd2 = (w2 + wm2/60) * pi/180;
            jd2 = (j2 + jm2/60) * pi/180;
            if(chr1 = = 'S')
                wd2 * = -1.0;
            if(chr2 = = 'W')
                jd2 * = -1.0;
            p2.x = cos(wd2) * cos(jd2);
            p2.y = cos(wd2) * sin(jd2);
            p2.z = sin(wd2);
            a = acos(p1.x * p2.x + p1.y * p2.y + p1.z * p2.z);//圆心角
            printf("%.3lf\n",a * 6370.0);
        }
        return 0;
    }
```

5204 Lifting the Stone

问题描述

现在一块地板下面有许多重要的秘密,但是上面放了一个很大的石头,现在需要我们把这个石头平稳的从地板上拿起来,否则触动了一种机械装置就会发出暗箭伤人.石头的底面是多边形且各个部分的高度都一样,这样就需要我们找出石头的重心,然后用滑轮将其拉起.

☞输入

第一行输入测试的种数 T,每组数据中第一行是多边形的顶点数 $n(3 \leqslant n \leqslant 1\,000\,000)$,接下来的 n 行是多边形的顶点的坐标,按照顺时针或逆时针给出.

☞ **输出**

每组测试数据输出一行来表示重心的坐标,结果保留两位小数点,注意重心有可能在多边形外面.

☞ **样例输入**

```
2
4
5 0
0 5
-5 0
0 -5
4
1 1
11 1
11 11
1 11
```

☞ **样例输出**

```
0.00 0.00
6.00 6.00
```

思路引导

题目要求解的是任意多边形的重心,由于三角形的重心好求,所以可以转化为求三角形的重心在,利用物理里面质点的等效重心的求解公式.

解题报告

多边形重心的求解方法为:从第一个顶点出发,分别连接第 $i, i+1$ 个顶点组成三角形 T_i, $1 < i < n$,一共 $n-2$ 个三角形正好是多边形的一个划分,分别求出每个三角形的面积 S_i, 总面积为各个面积之和.

根据物理公式得:n 个点 (x_i, y_i) 每个质量是 m_i,则重心是

$$X = (x_1 \times M_1 + x_2 \times M_2 + \cdots + x_n \times M_n)/(M_1 + M_2 + \cdots + M_n)$$
$$Y = (y_1 \times M_1 + y_2 \times M_2 + \cdots + y_n \times M_n)/(M_1 + M_2 + \cdots + M_n)$$

其中三角形的面积利用叉乘来算(注意要展开,否则会出现 -0.00),三角形重心 $x = = (x_1 + x_2 + x_3)/3$, $y = = (y_1 + y_2 + y_3)/3$,除以 3 可以放在最后.

```
#include <stdio.h>
#include <stdlib.h>
```

```
#include <string.h>
struct Point
{
    double x;
    double y;
};
double Trianglearea(Point p0,Point p1,Point p2)//三角形面积
{
    double k;
    k = p0.x*p1.y + p1.x*p2.y + p2.x*p0.y - p1.x*p0.y - p2.x*p1.y - p0.x*p2.y;
    //叉乘一定要展开,这里算的是三角形面积的2倍,公式中可以消去
    return k;
}
int main()
{
    int i,j;
    int T,N;
    double x1,y1;
    Point p0,p1,p2;//构造三角形
    double x,y;
    double area,area0;
    
    scanf("%d",&T);
    while(T--)
    {
        scanf("%d",&N);
        scanf("%lf%lf",&p0.x,&p0.y);
        scanf("%lf%lf",&p1.x,&p1.y);
        x=0,y=0;
        area=0;
        for(i=2;i<N;i++)
        {
            scanf("%lf%lf",&p2.x,&p2.y);
            x1 = p0.x + p1.x + p2.x;
```

```
            y1 = p0.y + p1.y + p2.y;
            area0 = Trianglearea(p0,p1,p2);
            area + = area0;
            x + = x1 * area0;
            y + = y1 * area0;
            p1 = p2;
        }
        printf("%.2lf %.2lf\n",x/area/3,y/area/3);
    }
}
```

5205 Circle and Points

问题描述

在 xy 坐标系中给出许多点,求用一个单位圆(半径为1)最多能覆盖多少个点. 点在单位圆内和其上都算作覆盖.

输入

输入有许多组测试数据,其中每组测试数据的第一行是图中给出的点数 $n(1 \leq n \leq 300)$,当 n 为 0 时输入结束. 接下来的 n 行,每行有两个有五位小数点的小数分别代表点的横纵坐标. 没有两个点的距离小于 0.000 1,任何两点的距离不满足 $1.9999 \leq d \leq 2.0001$.

输出

每组测试数据输出单位圆能覆盖的最多的顶点数目.

样例输入

3
6.47634 7.69628
5.16828 4.79915
6.69533 6.20378
6

7.15296 4.08328
6.50827 2.69466
5.91219 3.86661
5.29853 4.16097
6.10838 3.46039
6.34060 2.41599
8
7.90650 4.01746
4.10998 4.18354
4.67289 4.01887
6.33885 4.28388
4.98106 3.82728
5.12379 5.16473
7.84664 4.67693
4.02776 3.87990
20
6.65128 5.47490
6.42743 6.26189
6.35864 4.61611
6.59020 4.54228
4.43967 5.70059
4.38226 5.70536
5.50755 6.18163
7.41971 6.13668
6.71936 3.04496
5.61832 4.23857
5.99424 4.29328
5.60961 4.32998
6.82242 5.79683
5.44693 3.82724
6.70906 3.65736
7.89087 5.68000

6.23300 4.59530
5.92401 4.92329
6.24168 3.81389
6.22671 3.62210
0

☞ 样例输出

2
5
5
11

思路引导

题目求解的是单位圆最多能覆盖多少个点,如果从画圆上考虑不好实现,就可以运用枚举的思想转化为求以当前点为圆心的圆上某段弧最多被多少点的单位圆覆盖(如果覆盖,则说明当前点和此点可以同时放在一个单位圆中),求得的最大覆盖数即为所求.

解题报告

对每个点以 1 为半径画圆,对 N 个圆两两求交. 这一步 $O(N^2)$. 然后转化为求被覆盖次数最多的弧.

对每一个圆,求其上的每段弧被覆盖的次数. 假如 A 圆与 B 圆相交. A 上 $[P_1, P_2]$ 的区间被 B 覆盖 (P_1 为点). 那么对于 A 圆,以 p_1 点为其上此段弧的特征点,再扫描看有多少点的单位圆覆盖 p_1,即有多少点的单位圆覆盖此段弧. 其中被覆盖的最大次数即为所求. 其中的转化读者自己画图思考.

```
#include <stdio.h>
#include <stdlib.h>
#include <math.h>
#define eps 1e-6
struct Point
{
    double x, y;
}point[301];
double Dis(Point p1,Point p2)//两点间距离的平方
{
    return (p2.x-p1.x)*(p2.x-p1.x)+(p2.y-p1.y)*(p2.y-p1.y);
```

```
}
Point Find_start(Point p1,Point p2)//求被覆盖弧的起点坐标
{
    Point p,mid,start;
    double d, aa;
    p.x = p2.x - p1.x;
    p.y = p2.y - p1.y;
    mid.x = (p1.x + p2.x)/2;
    mid.y = (p1.y + p2.y)/2;
    d = sqrt(1 - Dis(p1,mid));//公共弦的一半长
    if(fabs(p.y) < eps)//公共弦垂直于X轴
    {
        start.x = mid.x;
        start.y = mid.y + d;
    }
    else //公共弦不垂直于X轴
    {
        aa = atan(-p.x/p.y);//公共弦的倾斜角
        start.x = mid.x + d * cos(aa);
        start.y = mid.y + d * sin(aa);
    }
    return start;
}
int main()
{
    int n,ans,ans0;
    int i,j,k;
    Point centre;
    double tmp;
    while(scanf("%d",&n)! = EOF)
    {
        if(n = = 0)
            break;
        for(i = 0;i < n;i + +)
```

```
                scanf("%lf%lf",&point[i].x,&point[i].y);
        ans = 1;
        for(i = 0;i < n;i + +)
                for(j = i + 1;j < n;j + +)
                {
                        if(Dis(point[i],point[j]) > 4)
                            continue;//两点的圆不相交
                        ans0 = 0;//标记本段弧最多被覆盖次数
                        centre = Find_start(point[i],point[j]);//求相交弧的起点
                        for(k = 0;k < n;k + +)//遍历此弧被覆盖的次数
                        {
                                tmp = Dis(centre,point[k]);
                                if(tmp ≤ 1.000001)
                                    ans0 + +;
                        }
                        if(ans < ans0)
                            ans = ans0;
                }
        printf("%d\n",ans);
    }
    return 0;
}
```

5206 A Pilot in Danger

问题描述

在第二次世界大战中,一个飞行员由于飞机没油了被迫降落,飞机降落的地点是固定在坐标系中的(0,0)点.但是敌人在地面上修筑了一些多边形的包围区.如果飞行员降落在包围区外,他就是安全的.当飞行员降落在包围区内,那么他必须要知道一种密码口令,才能通过包围区.飞行员不可能降落在多边形的边上.这种密码是给出两个不同的质数 p,q;密码就是不能用 $px + qy$ 形式表示的正整数的个数,其中 x,y 是大于等于 0 的整数.比如 $p = 3,q = 5$,则有四个正正整数 1,2,4,7 不能用其表示,因此密码口令为 4.

第5章 数论及计算几何

☞ **输入**

输入有多组测试数据,每组数据的第一行是一个数 $n(3 \leq n \leq 16)$,表示包围区的顶点的个数. 当 $n=0$ 时表示输入结束. 接下来有 n 行,每行有两个实数用来表示顶点的坐标,顶点是按照顺时针或逆时针来给出的. 再接下来的一行是 p q.

☞ **输出**

首先输出测试数据的编号,第二行输出飞行员是否在包围区内,如果在包围区内第三行输出密码口令.

☞ **样例输入**

```
4
-1.0 -1.0
2.0 -1.0
2.0 2.0
-1.0 2.0
3 5
5
-2.5 -2.5
10.5 -2.5
10.5 -1.5
-1.5 -1.5
-2.5 20.5
2 7
0
```

☞ **样例输出**

Pilot 1

The pilot is in danger!

The secret number is 4.

Pilot 2

The pilot is safe.

思路引导

(1) 先判断点是否在多边形内,然后再求出不能用 $xp+yq$ 表示的整数.

(2) 第一问利用水平/垂直交叉点数判别法来判定点是否在多边形内,此法适合于任意多边形,第二问用归纳法找规律即可.

解题报告

水平/垂直交叉点数判别法来确定点是否在多边形内时,如果 P 在多边形内部,那么这条射线与多边形的交点必为奇数,如果 P 在多边形外部,则交点个数必为偶数(0 也在内). 假如考虑边 (p_1,p_2),如果射线正好穿过 P_1 或者 P_2,那么这个交点会被算作 2 次,这样就有一些特殊处理:

(1)(p_1 在射线上) p_0 和 p_2 在 L 的异侧时算作交一次.

(2)(p_1 和 p_2 都在射线上) p_0 和 p_3 在射线的异侧算作交一次.

```c
#include <stdio.h>
#include <stdlib.h>
#include <string.h>
#include <math.h>
#define MaxNode 51
#define INF 999999999
struct TPoint//点
{
    double x;
    double y;
};
struct TSegment//线
{
    TPoint p1;
    TPoint p2;
};
struct TPolygon//多边形
{
    TPoint point[MaxNode];
    int n;
};
double multi(TPoint p1,TPoint p2,TPoint p0)
{
    //求矢量 p0p1, p0p2 的叉积
    return (p1.x-p0.x)*(p2.y-p0.y)-(p2.x-p0.x)*(p1.y-p0.y);
```

//若结果等于0,则这三点共线
//若结果大于0,则p0p2 在p0p1 的逆时针方向
//若结果小于0,则p0p2 在p0p1 的顺时针方向
}
double max(double x,double y)
{
    if(x > y) return x;
    else return y;
}
double min(double x,double y)
{
    if(x < y) return x;
    else return y;
}
bool Intersect(TSegment L1,TSegment L2)//判断线段是否相交
{
    //线段 l_1 与 l_2 相交而且不在端点上时,返回 true
    //判断线段是否相交
    //1. 快速排斥试验判断以两条线段为对角线的两个矩形是否相交
    //2. 跨立试验
TPoint s1 = L1.p1;
    TPoint e1 = L1.p2;
    TPoint s2 = L2.p1;
    TPoint e2 = L2.p2;
    if(
    (max(s1.x,e1.x) > min(s2.x,e2.x))&&
    (max(s2.x,e2.x) > min(s1.x,e1.x))&&
    (max(s1.y,e1.y) > min(s2.y,e2.y))&&
    (max(s2.y,e2.y) > min(s1.y,e1.y))&&
    (multi(s2,e1,s1) * multi(e1,e2,s1) >0)&&
    (multi(s1,e2,s2) * multi(e2,e1,s2) >0)
) return true;
    return false;
}

```
bool Online(TSegment L,TPoint p)//判断点是否在直线上
{
    //p 在 L 上(不在端点)时返回 true
    //1. 在 L 所在的直线上
    //2. 在 L 为对角线的矩形中
    double dx,dy,dx1,dy1;
    dx = L.p2.x - L.p1.x;
    dy = L.p2.y - L.p1.y;
    dx1 = p.x - L.p1.x;
    dy1 = p.y - L.p1.y;
    if(dx * dy1 - dy * dx1 ! =0) return false;//不返回则说明在直线上
    if(dx1 * (dx1 - dx) < 0||dy1 * (dy1 - dy) < 0) return true;//进一步确定在射线上
    return false;
}
bool same(TSegment L,TPoint p1,TPoint p2)//判断 $p_1$,$p_2$ 是否在 L 的同侧,在同侧返回 true
{
    if(multi(p1,L.p2,L.p1) * multi(L.p2,p2,L.p1) < 0) return true;
    return false;
}
bool Inside(TPoint q,TPolygon polygon)//判断是否在多边形内
{
    int c,i;
    /*
    相交一次的情况有
        1. 线 $p_0p_1$ 和 L 相交且交点不为端点
        2. ($p_1$ 在射线上)$p_0$ 和 $p_2$ 在 L 的异侧时算作交一次
        3. ($p_1$ 和 $p_2$ 都在射线上)$p_0$ 和 $p_3$ 在射线的异侧算作交一次
    */
    TSegment L1,L2;
    c = 0;
    L1.p1 = q;
    L1.p2 = q;
    L1.p2.x = INF;
    for(i = 0;i < polygon.n;i + +)
```

```
        L2. p1 = polygon. point[i];
        L2. p2 = polygon. point[(i + 1)% polygon. n];
        //if(Online(L2,q))//提前判断点是否在多边形边上,本题有题意不需要
        //      return true;
        if(Intersect(L1,L2))//相交且不在端点上
        {
            c + + ;
            continue;
        }
        if(! Online(L1,polygon. point[(i + 1)% polygon. n]))
                continue;
        if(! Online(L1,polygon. point[(i + 2)% polygon. n])//2. p[i + 1]在直线上)p[i]和p[i + 2]在
L 的异侧
            &&! same(L1,polygon. point[i],polygon. point[(i + 2)% polygon. n]))
        {
                c + + ;
                continue;
        }
        if(Online(L1,polygon. point[(i + 2)% polygon. n])//3. (p[i + 1]h 和p[i + 2]都在直线上)p[u]
和 p[i + 3]在 L 的异侧
            &&! same(L1,polygon. point[i],polygon. point[(i + 3)% polygon. n]))
                c + + ;
    }
    if(c%2 = =0)
        return false;
    else return true;
}
int main()
{
    int i, test, k;
    int primp, primq;
    TPoint p;
    p. x = 0;//构造待测点
```

```
            p.y = 0;
            test = 1;
            TPolygon polygon;
            while(scanf("%d",&polygon.n)!=EOF)
            {
                if(polygon.n==0)
                    break;
                for(i=0;i<polygon.n;i++)
                    scanf("%lf%lf",&polygon.point[i].x,&polygon.point[i].y);
                scanf("%d%d",&primp,&primq);
                printf("Pilot %d\n",test);
                test++;
                if(Inside(p,polygon))//当(0,0)点在多边形内
                {
                    printf("The pilot is in danger!\n");
                    k=(primp-1)*(primq-1)/2;/*不能用 xp+yq 表示的整数的个数,找规律可得*/
                    printf("The secret number is %d.\n",k);
                }
                else printf("The pilot is safe.\n");
                printf("\n");
            }
            return 0;
        }
```

5207 投玩具

问题描述

在幼儿园里有很多可爱且调皮的小朋友,同时也有很多的玩具.幼儿园的小朋友很爱玩玩具,但是他们玩完玩具以后,整理玩具的能力很弱,天天要幼儿的老师来帮忙整理.幼儿园的老师本来事情就很多,所以对这件事很烦恼.正在这个时候,聪明可爱的小不懂出现了.他想出来了一个办法.就是在幼儿园的玩具室的中央放一个篮筐,同时篮筐被很多隔板分成很多空格.(假设隔板不重合)小朋友玩完玩具以后把玩具往篮筐中扔.求每个篮筐中玩具的个数.

☞ **输入**

先第一行输入 n, m, x_1, y_1, x_2, y_2. 其中 n 代表隔板的个数；m 代表的是玩具的个数；x_1, y_1 代表左上角的坐标；x_2, y_2 代表的是右下角的坐标. 接下的 n 行每行输入两个整数 x, y, 分别代表线段上端点的 x 坐标与下端点的 y 坐标. 接下的 m 行每行输入两个整数 xb, yb, 分别代表的是玩具扔进篮筐的位置.

☞ **输出**

输出一个 n（从左边开始数第几个空格），然后是冒号加空格，再是在这个格中的玩具数.

☞ **样例输入**

```
5 6 0 10 60 0
3 1
4 3
6 8
10 10
15 30
1 5
2 1
2 8
5 5
40 10
7 9
4 10 0 10 100 0
20 20
40 40
60 60
80 80
5 10
15 10
25 10
35 10
45 10
55 10
```

65 10
75 10
85 10
95 10

☞样例输出

0：2
1：1
2：1
3：1
4：0
5：1
0：2
1：2
2：2
3：2
4：2

思路引导

输入的点时没有规律所以要排序,用叉积的方法进行判断点与线的关系(是在左边还是在右边).

解题报告

先进行排序,用快速排序(对 x 坐标小的放前面),然后用向量的叉积来找到第一根在点的右边的直线,找到就停止,并在相应的空格中标记.

```
#include <iostream>
#include <algorithm>
using namespace std;
struct point
{
    int x,y;
}a[2000];
point p;
struct line
{
```

```
point p1,p2;
}in[2000];
bool cmp(point x,point y)
    {
    return x.x < y.x;
    }
int mul(point p0,point p3,point p4)
{
return (p0.x - p3.x) * (p0.y - p4.y) - (p0.x - p4.x) * (p0.y - p3.y);
}
int num[2000];
int main()
{
int n,m,Xhigh,Yhigh,Xlow,Ylow;
while(scanf("%d",&n)&&n)
{
scanf("%d%d%d%d%d",&m,&Xhigh,&Yhigh,&Xlow,&Ylow);
in[0].p1.x = Xhigh;
in[0].p1.y = Yhigh;
in[0].p2.x = Xhigh;
in[0].p2.y = Ylow;
for(int i = 1;i≤n;i + +)
    scanf("%d%d",&a[i].x,&a[i].y);
sort(a + 1,a + n + 1,cmp);
for(int i = 1;i≤n;i + +)
    {
    in[i].p1.x = a[i].x;
    in[i].p1.y = Yhigh;
    in[i].p2.x = a[i].y;
    in[i].p2.y = Ylow;
    }
in[n + 1].p1.x = Xlow;
in[n + 1].p1.y = Yhigh;
in[n + 1].p2.x = Xlow;
```

```
    in[n+1].p2.y = Ylow;
for(int i = 0;i≤n;i++)
        num[i] = 0;
  for(int i = 1;i≤m;i++)
  {
     scanf("%d%d",&p.x,&p.y);
     for(int j = 0;j≤n+1;j++)
         if(mul(p,in[j].p1,in[j].p2)<0)
             {
              num[j-1]++;
              break;
             }
  }
sort(num,num+n+1);
int t,j;
for(j = 0;j≤n;j++)
  if(num[j]! =0)
     {
       t = num[j];
       break;
     }
int sum = 1;
printf("Box\n");
for(int i = j+1;i≤n;i++)
      {
        if(t! =num[i])
        {
         printf("%d: %d\n",t,sum);
         t = num[i];
         sum = 1;
        }
        else
          sum++;
      }
```

```
printf("%d:%d\n",t,sum);
}
return 0;
}
```

5208 围栏

问题描述

Xiaoz 的家是在未开发的原始森林区,因此野生动物很多.今年在 Xiaoz 的村民一起商谈决定大家一起去抓野猪作为年猪.抓野猪的方法很简单:去捕野猪的人一人站一个地方.他们抓住同一根绳子.将一大片森林围起来.只要野猪在里面跑不掉.(围成的多边形是简单多边形)

☞输入

先输入一个 t,有 t 组数据.然后输入一个 n,有个 n 个人.接下来 n 行每行是两个整数为一个人的坐标(顺序是沿着绳子向一个方向输入).最后是一行是两个整数为野猪的位置.

☞输出

输出是否野猪被捕.若是,则输出"yes",否则输出"no".

☞样例输入

1
3
0 0
2 0
0 2
1 1

☞样例输出

yes

思路引导

判断点与凸包的关系,是在内还是在外.

解题报告

判断点是不是在凸包中,以点 P 为端点,向右边设一条射线,由于多边形是有界的,所以

设 L 一定会与多边形交点,当交点数为基数时,P 点在多边形内,否则在其外面. 其中特殊情况的考虑:L 与多边形的顶点相交,当顶点的两相邻边在射线的同侧时.该顶点不算,否则算一个,当射线与一条边重合时,这条边不算. 对每条线段进行扫描.

```c
#include <stdio.h>
#include <string.h>
struct POINT {
    int x, y;
} pnts[101];

static int count_cross(const POINT& p0, const POINT& p1, const POINT& p2)
//判断线段 p1-p2 与从 p0 横着向右画出的一条射线的交点个数
{
    //同侧的两种情况
    if (p1.y > p0.y && p2.y > p0.y) return 0;
    if (p1.y < p0.y && p2.y < p0.y) return 0;
    //正好通过
    if (p1.y == p0.y && p2.y == p0.y) return 0;
    //通过其中一点
    if (p1.y == p0.y)
        if (p1.x > p0.x && p2.y < p0.y)
            return 1;
        else
            return 0;
    else if (p2.y == p0.y)
        if (p2.x > p0.x && p1.y < p0.y)
            return 1;
        else
            return 0;

    //p1 和 p2 同在 p0 的同侧
    if (p1.x <= p0.x && p2.x <= p0.x)
        return 0;
    if (p1.x > p0.x && p2.x > p0.x)
        return 1;
```

```
    //需要求交点的情况
    if (p2.y > p1.y)
        if ((p2.x - p1.x)*(p0.y - p1.y) > (p0.x - p1.x)*(p2.y - p1.y))
            return 1;
        else
            return 0;
    else
        if ((p2.x - p1.x)*(p0.y - p1.y) < (p0.x - p1.x)*(p2.y - p1.y))
            return 1;
        else
            return 0;
}

main() {
    int cas, i, n, s;
    scanf("%d", &cas);
    while (cas-- && scanf("%d", &n)) {
        s = 0;
        POINT p0;
        for (i = 0; i < n; i++)
            scanf("%d %d", &pnts[i].x, &pnts[i].y);
        scanf("%d %d", &p0.x, &p0.y);
        for (i = 0; i < n; i++)
            s += count_cross(p0, pnts[i], pnts[(i + 1) % n]);
        if (s % 2 == 1)
            printf("yes\n");
        else
            printf("no\n");
    }
    return 0;
}
```

5209 费马点

问题描述
已知四个点求这是四个点的费马点.(费马点就是一点到四边形的四个顶点的距离和最小)

输入
输入8个数,它们分别是$x_1,y_1,x_2,y_2,x_3,y_3,x_4,y_4$.当时它们均为零时,输入结束.(他们均小于100)

输出
输出费马点的坐标.(坐标都是整数)

样例输入
1 1 1 1 1 1 1 1
0 0 0 0 0 0 0 0

样例输出
1 1

思路引导
任意找一点,再在它的周围找一些点,然后进行比较看这些点到四顶点的距离和是不是不这点更小.

解题报告
先取一点,这点是任意的(最好是不同两点的中点),然后取它附近的四个点(四个方向一个方向一个点为佳),然后进行比较,发现有比这一点还要佳的点时,该点被所扫到的点替代,再重复上面的方法,直到所取的点为最佳.

```
#include <iostream>
#include <stdio.h>
#include <stdlib.h>
#include <math.h>
using namespace std;
struct point
{
  int x,y;
}p[4];
int main()
```

```cpp
{
    int k,num,flag,t;
    float midx,midy;
    float sum,x,y,sum1,xn,yn;
    while(1)
    {
        num=0;
        for(int i=0;i<4;i++)
            cin>>p[i].x>>p[i].y;
        for(int i=0;i<4;i++)
            if(p[i].x==0&&p[i].y==0)
                num++;
        if(num==4)
            break;
        midx=(p[0].x+p[2].x)/2;
        midy=(p[0].y+p[2].y)/2;
        sum=0;
        for(int i=0;i<4;i++)
            sum=sqrt((midx-p[i].x)*(midx-p[i].x)-(midy-p[i].y)*(midy-p[i].y));
        flag=0;
        while(1)
        {if(flag==0)
            t=10;
        else
            if(flag==1)
                t=1;
            else
                break;

        xn=midx;
        yn=midy;
        for(int i=0;i<4;i++)
        {
            k=i%2;
```

```
sum1 = 0;
x = midx - t + k * t;
y = midy - k * t;
sum1 = sqrt((x - p[i].x) * (x - p[i].x) - (y - p[i].y) * (y - p[i].y));
if(sum1 < sum)
    {
    xn = x;
yn = y;
    }
}
if(xn = = midx&&midy = = yn)
    flag + + ;
midx = xn;
midy = yn;

}
printf("%.0f %.0f",midx,midy);
}
return 0;
}
```

5210 管道

问题描述

有一宽度为1的折线管道,上面各顶点为(x_0, y_0),(x_1, y_1),…,(x_n, y_n),下面各项点为(x_0, y_{0-1}),(x_1, y_{1-1}),…,(x_n, y_{n-1}).假设管壁都是不透明的、不反射的,光线从左边入口的(x_1, y_1),(x_1, y_{1-1})之间射入,向四面八方直线传播,求出光线最远能射到哪里(x坐标)或者能穿透整个管道.

☞输入

有很多组数据,每组数据的第一行输入一个n,接下的n行输入$x_i, y_i (i = 1 \sim n)$的值. 当$n = 0$时结束.

☞输出

输出能到的最大x坐标,假如能穿透整个管道,这输出"Through all the pipe.".

第5章 数论及计算几何

☞ **样例输入**

```
4
0 1
2 2
4 1
6 4
6
0 1
2 -0.6
5 -4.45
7 -5.57
12 -10.8
17 -16.55
0
```

☞ **样例输出**

```
4.67
Through all the pipe.
```

思路引导

符合条件的直线有一特点,就是这条直线至少过上管壁的一顶点与下管壁的一顶点.

解题报告

任取一个上顶点和一个下顶点,形成一直线 l,若 l 能射穿左入口,即当 $x = x_0$ 时,直线 l 在 (x_0, y_0) 和 (x_0, y_{0-1}) 之间,则是一条可行光线. 在从左边到右边依次判断每一条上、下壁管是否与 l 相交,相交则求出交点,并把交点的 x 坐标与当前最佳的值比较;若与所有壁管不相交,则说 l 穿透了这整个管道.

```cpp
#include <stdio.h>
#include <string.h>
#include <algorithm>
#include <math.h>
using namespace std;
const double eps = 1e-11;
typedef struct point
{
    double x, y;
```

```c
}point;
typedef struct line
{
point s,e;
}line;
double Xmult(point a,point b,point c)
{   double x1,x2,y1,y2;x1=a.x-c.x;
    x2=b.x-c.x;y1=a.y-c.y;
    y2=b.y-c.y;
    return x1*y2-x2*y1;
}
bool inter(struct line l1,struct line l2)
{   double res=Xmult(l2.s,l1.e,l1.s)*Xmult(l1.e,l2.e,l1.s);
    return (res>0||fabs(res)<1e-12);
}
point intersection(struct line u,struct line v)
{   point ret=u.s;
    double t=((u.s.x-v.s.x)*(v.s.y-v.e.y)-(u.s.y-v.s.y)*(v.s.x-v.e.x))/((u.s.x-u.e.x)*(v.s.y-v.e.y)-(u.s.y-u.e.y)*(v.s.x-v.e.x));
    ret.x+=(u.e.x-u.s.x)*t;
    ret.y+=(u.e.y-u.s.y)*t;
    return ret;
}
point p[30];
int main()
{
    int n,flag=1;
    line sl,l0,tl,ln;
    point t;
    double min=0;
    while(scanf("%d",&n)&&n)
    {     flag=1;
          for(int i=0;i<n;i++)
```

```
scanf("%lf %lf",&p[i].x,&p[i].y);
min = p[0].x;
l0.s = p[0];
l0.e = p[0];
l0.e.y - - ;
            for(int i = 0;i < n&&flag;i + +)
                for(int j = 0;j < n&&flag;j + +)
                {
                    if(i = = j)
                            continue;
                    sl.s = p[i];
                    sl.e = p[j];
                    sl.e.y - - ;
                if(inter(sl,l0))
                }


                flag = 0;
                for(int i = 1;i < n&&! flag;i + +)
                {
                ln.s = p[i];
                ln.e = p[i];
                ln.e.y - - ;
                if(! inter(sl,ln))
                    {
                    line l1;
                    l1.s = p[i - 1],l1.e = p[i];
                    if(inter(sl,l1))
                        {
                        t = intersection(sl,l1);
                        if(t.x > min)
                            min = t.x;
                        }
                    l1.s.y - - ,l1.e.y - - ;
                    if(inter(sl,l1))
```

```
                              {
                                  t = intersection( sl, l1 );
                                  if( t. x > min )
                                          min = t. x;
                              }
                              flag = 1;
                       }
                   }
               }
        }
        if( ! flag )
               printf ( "Through all the pipe. \n" );
        else
               printf ( "%.2lf\n", min );
    }
    return 0;
}
```